PERGAMON INTERNATIONAL LIBRARY
of Science, Technology, Engineering and Social Studies
*The 1000-volume original paperback library in aid of education,
industrial training and the enjoyment of leisure*
Publisher: Robert Maxwell, M.C.

Bilingual Guide to business and professional
correspondence (Spanish–English)

Guía bilingüe (inglés–español) de correspondencia
profesional y de negocios

Some other titles of interest

BOMSE, M. D. & ALFARO, J. H.
Practical Spanish for School Personnel, Firemen, Policemen and Community Agencies
—2nd Ed

— Practical Spanish for Medical and Hospital Personnel—2nd Ed.

COVENEY, J.
International Organization Documents for Translation

HARVARD, J.
Bilingual Guide to Business and Professional Correspondence,
English–German/German–English

HARVARD, J. & ARIZA, I. F.
Bilingual Guide to Business and Professional Correspondence,
English–Spanish/Spanish–English

HARVARD, J. & MILETTO, M. M.
Bilingual Guide to Business and Professional Correspondence,
English–Italian/Italian–English

LANNOIS, G.
Institutions Françaises
—Pages Françaises

OROZCO, C. R.
Spanish–English, English–Spanish Commercial Dictionary

POPESCU, J.
Italian for Commerce

Bilingual Guide
to business
and professional
correspondence
(Spanish–English)

Guía bilingüe
(inglés–español)
de correspondencia
profesional y de
negocios

JOSEPH HARVARD

Spanish text by

I. F. ARIZA
Licenciado en Filosofía y Letras

PERGAMON PRESS
OXFORD · NEW YORK · TORONTO
SYDNEY · PARIS · FRANKFURT

U.K.	Pergamon Press Ltd., Headington Hill Hall, Oxford OX3 0BW, England
U.S.A.	Pergamon Press Inc., Maxwell House, Fairview Park, Elmsford, New York 10523, U.S.A.
CANADA	Pergamon of Canada, Suite 104, 150 Consumers Road, Willowdale, Ontario M2J 1P9, Canada
AUSTRALIA	Pergamon Press (Aust.) Pty. Ltd., P.O. Box 544, Potts Point, N.S.W. 2011, Australia
FRANCE	Pergamon Press SARL, 24 rue des Ecoles, 75240 Paris, Cedex 05, France
FEDERAL REPUBLIC OF GERMANY	Pergamon Press GmbH, 6242 Kronberg-Taunus, Pferdstrasse 1, Federal Republic of Germany

Copyright © 1970 Pergamon Press Ltd.

First edition 1970

Reprinted 1976, 1977, 1979

Library of Congress Catalog Card No. 74-114571

Printed in Great Britain by A. Wheaton & Co. Ltd, Exeter
ISBN 0 08 015792 0 flexi cover
ISBN 0 08 015793 9 hard cover

Contents

Índice

Contents

Preface

THIS book sets out to provide a selection of sentences and phrases which may be found useful for composing business letters of various kinds. It is not only intended for those engaged in commerce but also deals with such matters of general interest as seeking advice on investments, making arrangements for a visit abroad or applying for a post. The specialized vocabulary of any trade or profession can be readily found in dictionaries, so that the book is confined to material which may be helpful in providing a framework for the correspondence of any of them.

To make for easy reference the subject-matter has been divided under different headings with the English version on the left-hand page and the Spanish on the right, so that the sentences required for composing a particular letter can be readily ascertained.

In order to avoid unnecessary repetition all greetings and stock phrases for expressing thanks, regrets, wishes, requests, etc., have been listed separately. So have suitable phrases for starting new paragraphs (see pages 18–33).

The book is confined to simple routine correspondence in which questions of tone and feeling hardly arise. Such letters can only be written by those who have a perfect command of the language, apart from such routine matters as tactful reminders of promises not fulfilled or repeated requests for payment, for which suitable phrases will be found on pages 106–109.

The usual courtesies that add a personal touch to business correspondence have been listed on pages 30–32.

Prefacio

LA FINALIDAD de este libro es proporcionar una selección de frases que sean de utilidad para redactar cartas de negocios de varios tipos. No va sólo dirigido a los que se ocupan de asuntos comerciales, sino que también trata de cuestiones de interés general, como solicitar consejos sobre inversiones, hacer preparativos para un viaje al extranjero o solicitar empleo. El vocabulario especializado de cualquier negocio o profesión se puede encontrar fácilmente en los diccionarios, así es que este libro no pretende más que presentar material que sea de utilidad para componer con su ayuda cartas sobre cualquier asunto.

Para facilitar la referencia, se ha dividido el contenido bajo los diferentes epígrafes, con la versión inglesa en la página de la izquierda y la española en la de la derecha, de forma que las frases necesarias para componer la carta se vean fácilmente.

A fin de evitar innecesarias repeticiones, se han incluido por separado todos los encabezamientos, despedidas, frases hechas para dar las gracias, pedir disculpas, expresar deseos, peticiones, etc., e igualmente se ha hecho con las frases adecuadas para empezar nuevos párrafos (véanse las páginas 18 a 33).

Este libro queda dentro de los límites de la correspondencia comercial corriente, en que no suele haber problemas de tono, matices, etc. Las cartas que los requieren solamente las pueden escribir quienes tienen un conocimiento perfecto del idioma. En esa categoría no incluimos, sin embargo, cosas como avisos sobre promesas incumplidas o repeticiones de solicitud de pagos, para

A short appendix (pages 220–221) shows the main differences between British and North-American usage.

todo lo cual se hallan frases a propósito en las páginas 106 a 109.

Los términos de cortesía que dan un toque personal a la correspondencia comercial se encuentran en las páginas 30 a 32.

En el apéndice (véanse las páginas 220 a 221) se indican las diferencias principales entre los usos ingleses y norte americanos.

I

The layout of a Spanish business letter

Cómo redactar una carta
de negocios en inglés

1. THE HEADING

At the top of a firm's letter there is a printed heading giving its name and address, telephone number, telegraphic address and often some other information such as its bankers, its telegraphic code, etc.

Private individuals sometimes print their name and address at the top of the letter, usually with their name and profession on the left and the address (including telephone number) on the right. If there is no printed address, this will be found on the back of the envelope, printed or written; sometimes it is written on the left-hand side at the bottom of the letter, preceded by *S/c* (= *Su casa*).

2. THE DATE

In letters with no printed address written by private individuals, the date is given at the top of the page, slightly to the right, after the name of the town and province where the letter is being written, thus

Elche (Alicante), 20 de agosto de 19...
Barcelona, 1 de abril de 19...

The article *el* should never be used with the date. The month may be written with or without a capital letter. The following abbreviations are also used:

Madrid, 20-VIII-19...

If there is a printed address, the date only is written.

3. THE ADDRESS

On the left-hand side, three to five lines down, follow the name, trade and address of the recipient of the letter. A firm is addressed as *Sres. X* when *X* is a surname, but this is not used with the impersonal name of a company such as *Manufacturas Metálicas Madri-*

1. LA DIRECCIÓN DEL REMITENTE

El nombre y dirección de la casa comercial suelen verse impresos al principio de la carta, junto con el teléfono y la dirección telegráfica.

Las personas particulares que no usan papel impreso escriben su dirección en la parte superior del papel, a la derecha, y los componentes de sus señas van separados por comas; por ejemplo,

> *65, Albert Road,*
> *London, N.W.1.*
> *24th July, 19...*

2. LA FECHA

Después viene la fecha, que generalmente se pone de la forma indicada. En los EE.UU. el mes precede al día: *July 24, 19...*

También se usan las abreviaturas siguientes:

En Gran Bretaña: *24.7.19...*
En Los EE.UU.:   *7.24.19...*

3. LA DIRECCIÓN DEL DESTINATARIO

Para asegurarse que quien lee la carta es la persona a quien se escribe, es costumbre poner el nombre y dirección del destinatario a la izquierda de la carta, comenzando un renglón más abajo que la fecha. Para una casa comercial se usa la abreviación *Messrs.*, pero

---

leñas. Sometimes a letter is addressed to *Sr. Secretario del* (or *de la*), *Sr. Gerente del* (or *de la*), *Sr. Administrador del* (or *de la*), etc. If a trade or profession is not expressed in the name, it appears underneath it. In the next line comes the name of the street, with capitals for such words as *Calle* and *Plaza*, followed by the number. Many offices in Spain and South America are in blocks of flats, and the floor and position of the one in question follow the street number. The last two lines are made up by the town, in capitals, and then either the province, in brackets but with small letters, or else the name of a foreign country. Here are some examples:

Manufacturas Metálicas Madrileñas, S.A. (= *Sociedad Anónima*)
Calle Mayor, 51 — 5° cen. der. (= *quinto piso, centro derecha*)
MADRID, 4.

Sres. Juan López y Cía (= *Compañía*)
Fabricantes de Calzados,
Plaza de América, 18 — 2° izq. (= *segundo piso, izquierda*)
ALCÁZAR DE SAN JUAN (Ciudad Real).

Sres. Gutiérrez y Hermanos, S.L. (= *Sociedad Limitada*)
Paseo de los Álamos, 1 — bajo B (*piso bajo, letra B*)
MONTEVIDEO.

A man's full name is *señor don XYZ* and a married woman's *señora doña ABC* (married women do not take their husbands' surnames). An unmarried woman is *señorita ABC*. Spanish-speaking people always have two surnames (*YZ, BC*), but the first (*Y, B*) is the more important one (and the only one used with *Sr. Y, Sra. B, Srta. B*). This is the father's name, while the other (*Z, C*) is that of the mother's family. The latter is often dropped in South America (and sometimes in Spain as well, although both surnames must appear in all official documents everywhere), or else the initial only is used. In the address one would put *Sr. D. Juan López Ferrer* (or *Sra. Dª Luisa del Hoyo Martín*), but when mentioning a person's name

3. LA DIRECCIÓN DEL DESTINATARIO—*cont.*

---

esto suele omitirse con designaciones impersonales como *THE NORTH-ENGLAND STEEL COMPANY.* Las cartas a grandes firmas que tienen muchos departamentos deben dirigirse al departamento de que se trate. Las cartas a un Banco se dirigen siempre a *The Manager.* Si el destinatario es un hombre, se pone, en Inglaterra, *Esq.* detrás del nombre, separado por una coma, o *Mr.* antes del nombre: *Mr. Charles Brown* o *Charles Brown, Esq.* Si la carta va al extranjero, se debe añadir el nombre del país a la dirección. Si va al Reino Unido, a no ser que se trate de una ciudad grande hay que poner el nombre del condado, y para los EE.UU. el nombre del estado. Si se trata de una ciudad grande, se debe añadir el distrito postal.

Para facilitar la rápida distribución de las cartas se están usando ahora códigos postales que, en los casos apropiados, se deben añadir a la dirección.

3. THE ADDRESS—*contd.*

---

one uses either the Christian name (alone or followed by the surname) preceded by *doñ*, *doña*, or the first surname only preceded by *señor*, *señora*, *señorita*, e.g. *don Rafael Ortiz*, or (if he is well known) just *don Rafael*; otherwise, *el señor Ortiz*.

To facilitate rapid sorting out of letters postal codes are now being introduced and should, when known, be added to the address.

4. THE REFERENCE

This is not very much used, being generally no more than a number, sometimes following *N/Ref.* (= *Nuestra referencia*) and/or *S/Ref.* (= *Su referencia*) anywhere at the top of the letter.

5. THE SALUTATION

The Spanish equivalent for "Dear Sir(s)" is as follows:

> *Muy señor mío:* (*Muy Sr. mío:*)
> *Muy señores míos:* (*Muy Sres. míos:*)
> *Muy señor nuestro:* (*Muy Sr. nuestro:*)
> *Muy señores nuestros:* (*Muy Sres. nuestros:*)

4. LA REFERENCIA

Al principio de la carta, o a veces al final, se suele escribir una referencia, para relacionar la carta con la correspondencia anterior sobre el mismo asunto. Estas referencias son generalmente las iniciales del nombre de la persona que dicta la carta, seguidas por las de quien la pasa a máquina. Cuando se conte sta a una carta que lleva referencia, se cita ésta en la parte superior de la página, a la izquierda, y se pone a continuación la referencia de quien escribe la carta. Por ejemplo:

YOUR REF. MCT/BDL
OUR REF. AKT/BN

Otra manera de asegurarse que la carta llega a la persona que se desea es escribir, después del nombre y dirección de la firma, el nombre de la persona que está a cargo del asunto de que trata la carta, de la siguiente forma: *For the attention of Miss Jean Whiteman.*

5. EL ENCABEZAMIENTO

Unos tres renglones después de la dirección se pone el saludo o encabezamiento:

Dear Sirs, En los EE.UU. suele ponerse *Gentlemen:* con dos puntos en vez de coma.

5. THE SALUTATION—*contd.*

"Dear Madam" is

> *Muy señora mía:* (*Muy Sra. mía:*)
> *Muy señora nuestra:* (*Muy Sra. nuestra:*)

or sometimes, more politely, *Distinguida señora:*.

They are always followed by a colon.

A more personal form is *Estimado Sr. Girón:* and, even more so, *Estimado don José:*. When a real friendship is established it is usual to write (*Mi*) *querido José:* or (*Mi*) *querido amigo:*.

6. THE BODY OF THE LETTER

This often starts after and underneath the colon, but may begin under the first letter of *Muy*. Following paragraphs are usually indented.

The subject-matter of the letter is generally made clear in the opening lines, as, for example:

> *Obra en nuestro poder su atenta del 5 del corriente, en la que nos piden* ...
> *Acusamos recibo de su grata del 25 del pasado, en que nos anuncian* ...
> *Con referencia a su apreciable pedido número 1234 del 15 de agosto último* ...
> *Correspondemos a su amable escrito del pasado día 10, en que solicitan* ...
> *A su debido tiempo hemos recibido su atenta carta del 6 de junio, en que nos remitían* ...
> *El objeto de la presente es* ...

5. EL ENCABEZAMIENTO—*cont.*

___

Si la carta sedirige a una persona en vez de a una casa comercial, se pone *Dear Sir,* o *Dear Madam,*.

Cuando los corresponsales se han escrito varias veces o después de conocerse, es posible que usen el nombre en el encabezamiento:

   Dear Mr. Brown,   *Dear Mrs. Jones,*   *Dear Miss Smith,*

Después de tratarse más, y según el grado de intimidad, estos encabezamientos se pueden sustituir por: *Dear Brown, My dear Brown, Dear John, My dear John,*.

6. LA PARTE PRINCIPAL DE LA CARTA

___

En el renglón después del encabezamiento se suele indicar el asunto de que trata la carta de esta forma:

   Your Order No. 534 dated 26.4....

El renglón siguiente se deja en blanco y la carta empieza después, a la misma altura que el encabezamiento; por ejemplo:

Dear Sirs,

   Your Order No. 534 dated 26.4....

The above Order is now ready for dispatch and we should be glad to receive your forwarding instructions.

   Yours faithfully,
   CHARLES BUTTERWORTH LTD.
   N. S. Brown
   Manager, Sales Department

La correspondencia en nombre de la compañía suele escribirse en primera persona del plural, y se firma en nombre de la compañía de la manera indicada.

7. THE SUBSCRIPTION

After the body of the letter and before the subscription one frequently sees a line like *Quedamos a la espera de sus gratas noticias*, *En espera de su respuesta, Esperando ser favorecidos por sus noticias*, etc.

There are endless ways of finishing a letter in Spanish. Sometimes a collection of letters are used as in *Quedamos de Vdes. afmos. ss. ss. q.e.s.m. (ustedes afectuosísimos seguros servidores que estrechan su mano)*, but they are becoming meaningless and old-fashioned.

The following are more straightforward:

> *Le(s) saluda(n) atentamente,*   Yours faithfully,
> *Le(s) saluda(n) afectuosamente*   Yours sincerely,

Between good (male) friends (who use *tú* rather than *usted*), the equivalent of "Yours" is *Un abrazo*. Otherwise use *Recibe un cordial saludo de (Reciba* if *usted* is used).

6. LA PARTE PRINCIPAL DE LA CARTA—*cont.*

Si la carta es más personal se escribe en primera persona del singular y se concluye con:

Yours sincerely,

N. S. Brown,
Manager, Sales Department

Se habrá visto que el primer renglón de una carta en inglés comienza unos cuantos espacios a la derecha del margen, e igualmente el primer renglón de cada párrafo. En los EE.UU. se suele empezar cada renglón en el margen.

7. LA DESPEDIDA

La despedida que usa hoy casi todo el mundo en cartas de negocios es *yours faithfully*, pero también se usan *yours truly* y *yours very truly*. En los EE.UU. la despedida más corriente es *very truly yours*. Si la carta empieza con uno de los encabezamientos en que se incluye el apellido del destinatario, debe terminar con *yours sincerely*, y si se pone el nombre de pila en el encabezamiento se concluye con *sincerely yours* u otras formas. En los EE.UU. también se usan *sincerely yours* y *cordially yours* en los casos en que en Inglaterra se pondría *yours sincerely*. Estas despedidas de tipo personal suelen ir precedidas por algún saludo, como

With compliments,   *With kind(est) regards,*   *With best wishes,*

8. THE SIGNATURE

A signature in Spanish is not considered valid without its *rúbrica*—some distinctive line or curly adornment underneath it.

Signatures on behalf of someone else are preceded by *p.p.* (= *por poderes*) or *p.a.* (= *por autorización*). Typed under the signature is the writer's name and his position in the company:

> *Antonio Fuentes Ontañón,*
> *Gerente.*

9. ENCLOSURES

At the end of the letter, the description of any enclosures is preceded by *Adjunto* or *Adjuntamos*, often abbreviated to *Adj.*

10. THE ENVELOPE

The name and address on the envelope are set out in the same way as inside the letter.

Whether or not the address of the sender (= *remitente*) is printed inside, it always appears on the envelope, on the flap at the back, either printed or written, as here:

> Rte.— Rafael Álvarez Marcos,
> Corredera Alta, 18 — 3° B,
> ZARAGOZA.

(The Post Office often stamps on letters, beside the postmark: *Pongan sus señas al reverso de los envíos,* "Write your address on the back of your letters".)

8. LA FIRMA

La firma se pone dos renglones después de la despedida. Cuando el que escribe firma en nombre de una compañía grande, después de la firma se indica la posición que ocupa dentro de la compañía o el departamento en cuyo nombre escribe. La firma de una mujer incluye su nombre de pila, o si no se indica entre paréntesis, después del nombre, si es *Mrs.* o *Miss.* Como las firmas no son siempre legibles, se pone después el nombre a máquina.

9. ADJUNTOS

Las cosas que se adjuntan con la carta se especifican después de las abreviaturas *Enc.* o *Encs.*, al final de la carta, a la izquierda.

10. EL SOBRE

El nombre y dirección se escriben en el sobre de la misma forma que en la carta.

Los siguientes añadidos y abreviaturas se usan a veces:

Private	Particular
Confidential	Confidencial
C/o (= *care of*)	A cargo de, En casa de
To be called for	A recoger
Please forward	A reexpedir
Express	Correo exprés
Urgent	Urgente
If not delivered, please return	En caso de no encontrar al destinatario, sírvanse devolver al remitente

10. THE ENVELOPE—*contd.*

It may be necessary to use one of the following:

Particular	Private
Confidencial	Confidential
A cargo de	
En casa de (when the letter goes to a private address)	C/o
A recoger	To be called for
A reexpedir	Please forward
Correo exprés	Express
Urgente	Urgent
En caso de no encontrar al destinatario, sírvanse devolver al remitente*	In case of non-delivery, please return to ...
Impresos	Printed matter
Certificado	Registered
Correo aéreo	
Por avión	By Air Mail
Muestras sin valor	Samples, no value
Contra reembolso	C.O.D.

* This is implicit in the *remite*, so it is hardly ever used.

Note. In the business letters which follow, "you" has been translated as *ustedes* in all cases except those where it is obvious that only one person is being addressed, where *usted* and singular verbs and pronouns have been used. Readers should change to the singular forms when writing to an individual.

10. EL SOBRE—*cont.*

Printed matter	Impresos
Registered	Certificado
By Air Mail	Correo aéreo, Por avión
Samples, no value	Muestras sin valor
C.O.D. (cash on delivery) ★	Contra reembolso

  ★ En los EE.UU.: *Collect.*

II

The contents of a business letter

El contenido de cartas
de negocios

11. BEGINNING A LETTER

Without reference to previous correspondence

1. We are pleased to inform you that ...
2. We owe your address to ...
3. We should be glad if you would let us know whether ...
4. May we have details of ...
5. We are sending you herewith (under separate cover) ...
6. We attach for your information the copy of a letter received today from ...
7. We have received an inquiry for ...
8. We have been informed by ...

In reply to a letter received

1. We thank you for your letter of the ... informing us that ...
2. In reply to your letter of the ... concerning ... we are glad to be able to (sorry to have to) tell you that ...
3. You kindly enclosed with your letter of the ... particulars of ..., for which we thank you.
4. Your letter of the ... crossed ours of the same date.
5. We are sorry (surprised) to learn from your letter of the ... that ...
6. We must apologize for the delay in replying to your letter of the ...
7. We thank you for your letter of the ... and have much pleasure in replying to your various questions as follows:
8. In reply to your letter (inquiry) of the ..., we wish to inform you that ...

11. EL COMIENZO DE LA CARTA

Sin referencia a correspondencia previa

1. Tenemos el gusto de informarles que ...
2. Debemos su dirección a ...
3. Les agradeceríamos que nos dijesen si ...
4. Les rogamos que nos den detalles de ...
5. Incluimos con ésta (Enviamos por correo aparte) ...
6. Incluimos para su información copia de una carta recibida hoy de ...
7. Hemos recibido una solicitud de información sobre ...
8. Nos ha informado ...

En contestación a una carta recibida

1. Acusamos recibo de su carta del ... informándonos de que ...
2. Contestamos a su atenta carta del ... acerca de ... y tenemos el gusto de (lamentamos tener que) decirles que ...
3. Tuvieron ustedes la amabilidad de incluir con su carta del ... detalles sobre ... por lo que quedamos agradecidos.
4. Su carta del ... se cruzó con la nuestra de la misma fecha.
5. Lamentamos (nos sorprende) saber, por su carta del ..., que ...
6. Les rogamos nos disculpen por la demora en contestar su carta del ...
7. Les agradecemos su carta del ... y tenemos el gusto de contestar a sus diversas preguntas a continuación:
8. En contestación a su carta (solicitud de informes) de ..., tenemos el gusto de comunicarles que ...

11. BEGINNING A LETTER—*contd.*

Referring to previous correspondence

---

1. Further to our letter of the ... we wish to inform you that ...
2. We refer to our letter of the ... in which we asked you ...
3. On the ... we wrote to you that ...
4. Since writing to you on ..., we have ascertained that ...
5. In your letter of the ... you expressed interest in our ...
6. Some time ago you told us that ...
7. Since receipt of your letter of the ... we have been trying to find out more about the ...
8. It is a long time since we have heard from you about ...

12. THE BODY OF A LETTER
(Beginning of sentences and paragraphs)

Informing

---

1. In reply to our inquiry we have been told by ... that ...
2. We would point out that ...
3. For your information we would add that ...
4. As we informed you yesterday (by our letter dated ...)
5. According to information received from ...
6. We need hardly say that ...
7. We hear on good authority that ...
8. As far as we know ...
9. It appears that ...

11. EL COMIENZO DE LA CARTA—*cont.*

Con referencia a correspondencia previa

1. Con referencia a nuestra carta del ... deseamos informarles que ...
2. Con referencia a nuestra carta del ... en la que les pedíamos (preguntábamos) ...
3. El ... pasado les escribimos sobre ...
4. Después de escribirles a ustedes el ... nos hemos enterado de que ...
5. En su atenta carta del ... se interesaban ustedes en nuestro(-a) ...
6. Hace algún tiempo nos dijeron ustedes que ...
7. Después de recibir su atenta carta del ... hemos intentado obtener más información sobre ...
8. Hace ya mucho tiempo que tuvimos noticias de ustedes sobre ...

12. LA PARTE PRINCIPAL DE LA CARTA
(Principios de frases y párrafos)

Informando

1. En contestación a nuestra solicitud de información, nos ha dicho ... que ...
2. Conviene señalar que ...
3. Para su información, les comunicamos que ...
4. Según les informamos ayer (en nuestra carta con fecha ...)
5. Según información recibida de ...
6. Apenas hace falta decir ...
7. Sabemos por fuentes bien informadas que ...
8. Por lo que nosotros sabemos ...
9. Parece que ...

12. THE BODY OF A LETTER—*contd.*

10. Please note that ...
11. We would mention, however, that ...
12. As you will see from the enclosed copy ...

Requesting

1. Will you please wire us on receipt of this letter to let us know if ...
2. Would you kindly reply by return of post to tell us whether ...
3. We should be grateful if you would do your utmost to ...
4. Under the circumstances it is essential that ...
5. Will you please let us have for our information ...

Regretting

1. We note with regret that ...
2. We are very sorry indeed to hear from your letter of the ... that ...
3. We are sorry to tell you that ...
4. We are sorry not to be able to give you the information requested.
5. We are very sorry that we cannot avail ourselves of your offer (accept your proposal).
6. We are very sorry not to be able to give you a definite reply in respect of the above matter.
7. We are sorry for the inconvenience this has caused you.
8. Please accept our apologies.

12. LA PARTE PRINCIPAL DE LA CARTA—*cont.*

---

10. Sírvanse tener en cuenta que ...
11. Quisiéramos decir, sin embargo, que ...
12. Como ustedes verán por la copia que incluimos ...

Pidiendo información

---

1. Tengan la bondad de ponernos un telegrama al recibir esta carta para decirnos si ...
2. Les rogamos que nos contesten a vuelta de correo para comunicarnos si ...
3. Les agradeceríamos que hiciesen lo posible por ...
4. En estas circunstancias, es de absoluta necesidad que ...
5. Tengan la bondad de enviarnos para nuestra información ...

Pidiendo disculpas

---

1. Lamentamos saber que ...
2. Sentimos mucho enterarnos por su carta del ... que ...
3. Lamentamos tener que decirles que ...
4. Sentimos no poder proporcionarles la información que desean.
5. Lamentamos no poder aceptar su oferta (propuesta).
6. Lamentamos mucho no poder darles una respuesta definitiva sobre el asunto en cuestión.
7. Les rogamos nos disculpen las molestias que esto les pueda haber causado.
8. Les rogamos que acepten nuestras disculpas.

12. THE BODY OF A LETTER—*contd.*

Confirmation

1. As requested (agreed), we are sending you …
2. In accordance with your wishes (instructions) …
3. We confirm our telegram of this morning as per enclosed copy.
4. We note with interest the suggestions contained in your letter of …
5. We note your remarks concerning …
6. We should be glad to have your confirmation that …
7. We acknowledge receipt of your telegram of today's date, which reads as follows:

Reminder

1. We wish to remind you of our letter of the … in which we asked you to …
2. We would remind you that we have not had a reply yet from you to our question (proposition) …
3. We take the liberty of reminding you (We are sorry to have to remind you) of …
4. As you will no doubt remember …

Miscellaneous

1. As to the question of (As regards) … I agree with you …
2. We understand (have been informed) that …
3. In these circumstances …
4. As you are, no doubt, aware …
5. We are quite willing to (convinced that) …

12. LA PARTE PRINCIPAL DE LA CARTA—*cont.*

Confirmando

---

1. Según lo solicitado (lo convenido), les enviamos ...
2. De acuerdo con sus deseos (instrucciones) ...
3. En confirmación de nuestro telegrama de esta mañana, incluimos una copia del mismo.
4. Nos interesa la sugerencia expresada en su carta del ...
5. Tomamos nota de sus observaciones sobre ...
6. Nos alegraríamos de tener confirmación por su parte de que ...
7. Acusamos recibo de su telegrama de hoy, que dice así:

Recordando

---

1. Nos permitimos recordarles nuestra carta del ... en la que les pedíamos que ...
2. Nos permitimos recordarles que todavía no hemos recibido contestación a nuestra cuestión (proposición) ...
3. Nos tomamos la libertad de recordarles (Lamentamos tener que recordarles) que ...
4. Sin duda recordarán ustedes ...

Miscelánea

---

1. En cuanto a la cuestión de (En cuanto a) ... estoy de acuerdo con ustedes ...
2. Tenemos entendido (Se nos ha informado) que ...
3. En estas circunstancias ...
4. Ustedes saben sin duda que ...
5. Estamos dispuestos a (convencidos de que) ...

12. THE BODY OF A LETTER—*contd.*

6. In view of these facts ...
7. Unless we hear from you to the contrary ...
8. Furthermore (On the other hand) ...
9. On further consideration ...
10. For the sake of regularity ...
11. It follows therefore ...
12. If we are not mistaken ...
13. According to our records (the information we have obtained) ...
14. We wish to add ...
15. As mentioned above ...
16. We quite understand that ...
17. In our opinion ...
18. We enclose ...
19. Under separate cover ...
20. For your information ...
21. According to your request ...
22. Certified true and correct.

13. ENDING A LETTER

Asking for a reply

1. Will you be good enough to let us have your reply as soon as possible.
2. We are looking forward to receiving your reply by return.
3. We should be glad to hear by return whether you agree to our proposal.
4. Kindly acknowledge receipt (keep us informed).

12. LA PARTE PRINCIPAL DE LA CARTA—*cont.*

---

6. En vista de todo esto ...
7. A menos que tengamos noticias de ustedes en otro sentido ...
8. Además (Por otra parte) ...
9. Al reconsiderar el asunto ...
10. Para ganar en regularidad ...
11. Por lo tanto se sigue que ...
12. Si no nos equivocamos ...
13. Según nuestros archivos (la información que hemos obtenido) ...
14. Deseamos añadir que ...
15. Según mencionamos más arriba ...
16. Comprendemos perfectamente que ...
17. En nuestra opinión ...
18. Incluimos con ésta ...
19. Por correo aparte ...
20. Para su información ...
21. Según nos solicitan ...
22. Vº Bº (visto bueno).

13. LA CONCLUSIÓN DE LA CARTA

Solicitando contestación

---

1. Tengan la bondad de comunicarnos su respuesta tan pronto como sea posible.
2. Quedamos a la espera de sus noticias a vuelta de correo.
3. Les agradeceríamos que nos comunicasen a vuelta de correo si están de acuerdo con nuestra propuesta.
4. Les rogamos que acusen recibo (nos tengan informados).

13. ENDING A LETTER—*contd.*

Promising a reply

---

1. You will hear from us as soon as possible about the matter.
2. We shall give you further details tomorrow.
3. As soon as we are able to say anything definite (give you further information), we will write to you again.

Requests

---

1. We should be grateful for any further information you may be able to give us about …
2. Before we can do anything, we should like to have further particulars.
3. To enable us to complete our records, we should be glad to have this information.
4. Kindly give the matter your prompt attention.
5. We cannot too strongly urge upon you the importance of this matter.
6. Please be so kind as to wire your agreement.

Expressing thanks, hope, promise, regret

---

1. Please accept our thanks in advance (Thanking you in advance).
2. Thank you in anticipation for your kindness (any information you may be able to give us).
3. We hope (Hoping) that our offer will interest you.
4. We trust that we shall be able to find a favourable solution.
5. You may rest assured that we shall do everything possible on our side.

13. LA CONCLUSIÓN DE LA CARTA—*cont.*

Prometiendo contestación

---

1. Tendrán nuestras noticias sobre este asunto tan pronto como sea posible.
2. Les mandaremos mañana más detalles.
3. En cuanto podamos decir algo definitivo (darles más información) les volveremos a escribir.

Solicitudes

---

1. Les quedaríamos agradecidos por cualquier detalle más que puedan darnos sobre …
2. Antes de poder hacer nada, necesitamos tener más información.
3. Les agradeceríamos que nos enviasen esta información, para poder completar nuestros archivos.
4. Tengan la bondad de prestar su atención inmediata a este asunto.
5. Insistimos en que este asunto es de suma importancia.
6. Tengan la bondad de ponernos un telegrama con su conformidad.

Expresiones de gracias, esperanzas, promesas, disculpas

---

1. Les rogamos que acepten por anticipado nuestras gracias (Con gracias por anticipado).
2. Les agradecemos por anticipado su amabilidad (cualquier información que nos puedan proporcionar).
3. Esperamos que les interese nuestra oferta.
4. Confiamos en poder hallar una solución favorable.
5. Les aseguramos que haremos de nuestra parte todo lo posible.

Confiamos en que sea posible nos suministren
Todos o algunos de estos libros

13. ENDING A LETTER—*contd.*

---

6. We shall be pleased to assist you in every way we can.
7. We regret not to be able to assist you for the time being.
8. With much regret, we remain,
9. Apologizing again, we remain,

14. THE PERSONAL TOUCH

Thanks

---

1. It was a great pleasure to have met you and I thank you again for your kind and friendly reception.
2. I wish to express my most sincere thanks for all the trouble you have taken (for all your kindness).
3. We are glad to hear that your visit was pleasant and satisfactory. As requested, we have conveyed your wishes to ...
4. Please accept my warmest thanks not only for the beautiful gift but also for the good wishes you sent me.

Greetings

---

1. With kindest regards,
2. With best wishes,
3. With all good wishes,
4. Kind regards to ...
5. ... sends her kindest regards.

13. LA CONCLUSIÓN DE LA CARTA—*cont.*

---

6. Tendremos mucho gusto en atenderles en todo lo que podamos.
7. Sentimos no poder atenderles por ahora.
8. Rogándoles que nos dispensen, quedamos ...
9. Rogándoles otra vez que nos disculpen, quedamos ...

14. EL TOQUE PERSONAL

Gracias

---

1. Fue un gran placer conocerle, y vuelvo a darle las gracias por su amable acogida.
2. Quiero expresar mi sincero agradecimiento por todas las molestias que se ha tomado (por toda su amabilidad).
3. Nos alegra saber que su visita le resultó agradable y satisfactoria. Según nos pide, hemos saludado en su nombre a ...
4. Le ruego que acepte mi cordial agradecimiento no sólo por su precioso regalo sino también por sus saludos cordiales.

Saludos

---

1. Quedamos siempre a su disposición.
2. Quedamos a sus gratas órdenes.
3. Saludos cordiales.
4. Atentos saludos a ...
5. Muchos recuerdos de ...

14. THE PERSONAL TOUCH—*contd.*

Wishes

1. I hope you are all well and that I shall have the pleasure of seeing you again shortly.
2. I hope you are well again (I wish you a speedy recovery).
3. We were glad to have news of ... and to hear that he is making good progress. Please give him our warmest wishes.
4. Please accept our sincere good wishes for Christmas and the New Year.
5. Our best wishes for a successful conference.

Congratulations

1. Heartiest congratulations on your birthday (jubilee) from us all.
2. It is with great pleasure that we send our congratulations and best wishes on the occasion of your ...
3. We send our warmest congratulations on your Silver (Golden) Jubilee.

Condolence

1. We have learned with deep regret the sad news of the death of your ... and express our sincere sympathy for the great loss you have sustained.
2. I was deeply grieved to hear of the sudden death of your ... and I want to express my heart-felt sympathy. Please convey my sympathy also to the family.

14. EL TOQUE PERSONAL—*cont.*

Deseos

1. Espero que se encuentren todos bien y que pronto pueda tener el placer de volver a verle.
2. Espero que se encuentre mejor (Le deseo que se restablezca rápidamente).
3. Nos alegramos tener noticias de ... y de enterarnos que está restableciéndose. Les rogamos que le den nuestros saludos afectuosos.
4. Les deseamos que tengan muy felices Navidades y próspero año nuevo.
5. Les deseamos que el congreso sea un éxito completo.

Felicitaciones

1. Todos le deseamos muchas felicidades en su cumpleaños (aniversario).
2. Tenemos mucho gusto en desearle muchas felicidades en esta ocasión de su ...
3. Nuestras más sinceras felicidades por sus bodas de plata (de oro).

Pésames

1. Nos hemos enterado con gran tristeza de la muerte de su ... y le rogamos que acepte nuestra condolencia por esta gran pérdida.
2. Me he enterado con gran pena de la muerte repentina de su ..., y le ruego que acepte mi sincera condolencia. Le ruego que haga extensivo el pésame a su familia.

15. SHORT ROUTINE COMMUNICATIONS

Confirmation

1. We enclose a copy of the telegram which was sent to you this morning.
2. We have today received your cable of the ... and are very grateful for your prompt attention to this business.
3. As requested, we are sending you our latest catalogue (price list).
4. Your inquiry is having our immediate attention and we hope to make you an acceptable offer in a few days' time.
5. We thank you for your letter of the ... ordering ..., delivery to be made in ... weeks from now, and are enclosing our official confirmation.

Reminder

1. May we remind you that we are still awaiting your reply to our letter of the ... regarding the ... Your reply is urgently requested.
2. We should be grateful if you could very shortly let us have your answer to our letter of the ... concerning ...
3. As we still have outstanding the inquiry made by ... with regard to ..., I wonder if you could now let me know your decision.
4. As the information requested in our letter of the ... is now urgently required, your early reply will be greatly appreciated.
5. We received your letter of the ..., but you omitted to send (enclose) your catalogue (price list).

15. CORTAS COMUNICACIONES PARA USO DIARIO

Confirmando

1. Adjuntamos copia del telegrama que les enviamos a ustedes esta mañana.
2. Hemos recibido hoy su cable del ... y les quedamos muy agradecidos por su pronta atención a este asunto.
3. Accediendo a sus deseos, les enviamos nuestro último catálogo (nuestra última lista de precios).
4. Prestaremos inmediata atención a su solicitud de informes y esperamos poder hacerles una oferta aceptable dentro de unos días.
5. Obra en nuestro poder su atenta carta del ... en que nos hacen un pedido de ..., para entregar dentro de ... semanas desde hoy. Adjuntamos nuestra confirmación oficial.

Recordando

1. Nos permitimos recordarles que seguimos a la espera de recibir respuesta a nuestra carta del ... sobre ... Les agradeceremos que nos contesten a la mayor brevedad.
2. Les agradeceríamos mucho que contestasen lo antes posible a nuestra carta del ... sobre ...
3. Todavía no tenemos respuesta definitiva sobre la propuesta hecha a ... sobre ..., de forma que les agradeceré que me comuniquen su decisión.
4. Les agradeceríamos que nos proporcionasen a la mayor brevedad la información que pedíamos en nuestra carta del ..., que necesitamos urgentemente.
5. Hemos recibido su atenta carta del ..., pero en ella no venía (no adjuntaban) su catálogo (lista de precios).

15. SHORT ROUTINE COMMUNICATIONS—*contd.*

Apology

---

1. We are sorry that we failed to enclose our catalogue with our letter of the ...
2. We have received your various letters with regard to the above and must apologize for the long delay in dealing with this matter, which is not an easy one.
3. We must apologize for not having replied before to your letter with regard to the above, but regret that the matter is still in abeyance. As soon as it has been brought to a satisfactory conclusion, we shall write to you again.

Request

---

1. We should be glad to have your quotation for the supply of large quantities of ...
2. Please let us know your charges for road transport of ... from ... to ...
3. Referring to your advertisement in today's *Telegraph* we should be glad to receive your catalogue (further particulars about ...).
4. We should be very grateful if you could kindly send us a list of manufacturers of ... (your price-list).
5. With reference to your offer of ... dated ... we should be glad if you could let us have samples in the following sizes (colours, qualities):
6. In reply to your letter of the ... we should be glad if you could call at this office on the ... at ...

15. CORTAS COMUNICACIONES PARA USO DIARIO—*cont.*

Pidiendo disculpas

---

1. Les rogamos nos disculpen por no haberles enviado nuestro catálogo con nuestra carta del ...
2. Hemos recibido sus varias cartas con referencia a este asunto, y les rogamos nos disculpen la larga tardanza en resolverlo, debida a que hemos encontrado ciertas dificultades.
3. Les rogamos nos disculpen que no hayamos contestado antes a su carta sobre este asunto, que todavía estamos considerando. En cuanto lleguemos a una conclusión satisfactoria volveremos a escribirles.

Pidiendo información

---

1. Les agradeceríamos que nos informasen de los precios de grandes cantidades de ...
2. Les rogamos que nos informen sobre el coste del transporte por carretera de ... desde ... a ...
3. Con referencia a su anuncio en el *Telegraph* de hoy, les agradeceríamos que nos enviasen su catálogo (información sobre ...).
4. Les quedaríamos muy agradecidos si pudiesen enviarnos una lista de fabricantes de ... (su lista de precios).
5. Con referencia a su oferta de ... de fecha ... les agradeceríamos que nos enviasen muestras de los siguientes tamaños (colores, calidades):
6. Correspondemos a su amable carta del ... Les agradeceríamos que viniesen a esta oficina el ... a las ...

15. SHORT ROUTINE COMMUNICATIONS—*contd.*

Offers

1. Thanking you for your inquiry of the ..., we can supply immediately at ... per metre (kilo, litre).
2. With reference to your telephone inquiry this afternoon, we can offer you the following types at the prices stated:

Orders

1. We thank you for your offer of the ... and should be glad if you would ship by next boat f.o.b. (free on board). Payments will be made against documents.
2. Order No. ... Date ...
   Please supply ...
   Delivery to ...
   Terms: C.O.D.
   Insurance: our account/your account.

Rejecting an offer

1. We thank you for kindly offering us ..., but we are unable to avail ourselves of your kind offer for the time being.
2. Thank you for your quotation for the supply of ..., but we have been obliged to place our order elsewhere as your products are too dear for this market.
3. We appreciate your offer of a reduced price, but feel that the goods would not be suitable for this market.

15. CORTAS COMUNICACIONES PARA USO DIARIO—*cont.*

Ofertas

1. Enterados del contenido de su amable carta del ... solicitando informes, podríamos abastecerles en seguida a ... el metro (kilo, litro).
2. Con referencia a su llamada telefónica de esta tarde, podemos ofrecerles los generos siguientes a los precios señalados:

Pedidos

1. Les agradecemos su oferta del ... y les rogamos que nos envíen en el próximo barco f.a.b. (*franco a bordo*). El pago se efectuará a la presentación de los documentos (*pago a la vista*).
2. Pedido Núm ... Fecha ...
   Envíese ...
   Entrega ...
   Forma de pago: Contra reembolso.
   Seguros: n/c (*a nuestro cuenta*) | s/c (*a su cuenta*).

Rechazando una oferta

1. Lamentamos no poder aceptar la amable oferta que nos hicieron en su carta del ... Tomamos, sin embargo, nota de ella.
2. Les agradecemos su lista de precios de ... pero nos vemos obligados a hacer el pedido a otra casa porque sus productos son demasiado caros para este mercado.
3. Les agradecemos su oferta a precio reducido, pero creemos que los generos no serían adecuados para este mercado.

III

Business organization

Organización de negocios

16. ESTABLISHMENT AND EXTENSION OF BUSINESS

Opening announcement

We have great pleasure in informing you that

we have	opened	an agency for the sale (purchase) of ...
	formed	an exchange and commission business.
	established	a ... manufacturing works.

we have	amalgamated our business with that of ...
	transferred our business to ...
	opened a branch at ...
	considerably extended our premises.
	been entrusted with the marketing of ... in this area.

Services offered

1. Our lines are mainly ... (We can offer a large variety of ...).
2. We are able now to supply any quantity of our goods without delay.
3. We have a large quantity of ... in stock.
4. At our premises we have on show the complete range of our ...
5. We are able to quote you very advantageous terms for ...
6. Our agreements with leading manufacturers enable us to supply you at most attractive prices.
7. We should be | to send one of our representatives.
    pleased | to let you have samples (patterns) of our ...
    | to give a demonstration at our premises.

16. ESTABLECIMIENTO Y EXTENSIÓN DE NEGOCIOS

Anuncio inaugural

Tenemos el gusto de informarles que

hemos	abierto	una agencia para la venta (compra) de ...
	formado	un negocio de cambio y comisión.
	establecido	una fábrica de ...

hemos	amalgamado nuestro negocio con el de ...
	trasladado nuestro negocio a ...
	abierto una sucursal en ...
	ampliado considerablemente nuestro local.
	obtenido la exclusiva de venta de ... en esta región.

Ofreciendo servicios

1. Nos dedicamos principalmente a ... (Podemos ofrecer una gran variedad de ...).
2. Ahora podemos proporcionarles sin demora cualquier cantidad de nuestros productos.
3. Tenemos una gran cantidad de ... en nuestros almacenes.
4. En nuestros locales tenemos una exposición del surtido completo de nuestro ...
5. Podemos ofrecerles condiciones muy ventajosas para ...
6. Nuestros acuerdos con los principales fabricantes nos permiten atender sus pedidos a precios muy atractivos.

7. Tendríamos mucho gusto en	que les visitase un representante nuestro.
	enviarles muestras (modelos) de nuestro ...
	efectuar una demostración en su local.

16. ESTABLISHMENT AND EXTENSION OF BUSINESS—*contd*.

Experience and references

1. I have been in this line of business for many years.
2. I have been for many years connected with Messrs. ... and been in charge of their export department for ... years.
3. The business (branch) will be under the (expert) direction (management) of Mr. ... who has been for many years with Messrs. ... in charge of their sales department.
4. As referees we wish to give Messrs. ... and Messrs. ..., who have kindly agreed to give any information you may desire.
5. We can assure you that all your orders will receive our immediate and most careful attention.

17. ENGAGEMENT OF STAFF

Request to attend for interview

We have received your application to be considered for the post of ... and hope that it will be convenient for you to call at these offices on ... at ... (should be glad if you would telephone this office to arrange a time for you to call which would suit us both).

Confirmation

Thank you for your letter of ... I shall be pleased to attend for an interview as requested on ... next at ... o'clock.

16. ESTABLECIMIENTO Y EXTENSIÓN DE NEGOCIOS—*cont.*

Experiencia y referencias

1. Llevo muchos años dedicado a este negocio.
2. Llevo muchos años trabajando para la Compañía ... y durante ... años he estado encargado de su departamento de exportación.
3. El negocio (la sucursal) contará con la (experta) dirección (gerencia) del señor ... que ha pasado muchos años con la Compañía ... encargado del departamento de ventas.
4. Los señores ... y la Compañía ... han accedido amablemente a dar los informes sobre nosotros que ustedes consideren oportunos.
5. Les aseguramos que todas sus órdenes recibirán nuestra atención inmediata.

17. CONTRATANDO EMPLEADOS

Citando para una entrevista

Hemos recibido su solicitud de que se le considere para el puesto de ... y esperamos que le sea posible venir a estas oficinas el día ... a las ... (le agradeceríamos que telefonease a esta oficina para concertar una hora conveniente para todos para su visita).

Confirmación

Acuso recibo de su carta del ... Tendré mucho gusto en visitarles, como me piden, el próximo ... a las ...

17. ENGAGEMENT OF STAFF—*contd.*

Offering the appointment

---

1. I have submitted your application to the Board of Directors and am glad to say that they have agreed to offer you the post.
2. Initially your salary would be ..., but if you give satisfaction it would rise by annual (half-yearly) increments of ... to a maximum of ...
3. Our office hours are, Monday to Friday from 9 a.m. to 5 p.m., with one hour for lunch.
4. After six months' service you will be entitled to a fortnight's annual holiday, to be increased to three weeks after five years.
5. We should be glad if you would let us know whether you wish to accept the appointment on these terms and commence work on Monday the ... at 9 a.m.
6. We agree with your suggestions and are prepared to appoint you as our representative for ...

Accepting the appointment

---

1. Thank you for your letter of ...; I have much pleasure in confirming that I accept the appointment you offer me as ... in your company at the terms specified in your letter.
2. I note that you require me to take up my duties on Monday the ... at 9 a.m.
3. May I thank you for the confidence which you have placed in me and which I shall seek at all times to justify.

17. CONTRATANDO EMPLEADOS—*cont.*

Ofreciendo el puesto

1. He presentado su solicitud a la Junta de Administración, y tengo mucho gusto en comunicarle que han decidido que se le ofrezca el puesto.
2. Su sueldo inicial sería ..., pero si estamos contentos con usted aumentará ... cada año (semestre) hasta un máximo de ...
3. La oficina está abierta de lunes a viernes, de 9 a 5, con una hora para almorzar.
4. A los seis meses de servicio tendrá usted derecho a una vacación anual de quince días, que después de cinco años aumentará a tres semanas.
5. Le agradeceremos que nos comunique si desea aceptar el empleo bajo estas condiciones, para comenzar a trabajar el lunes día ... a las 9 de la mañana.
6. Estamos de acuerdo con sus sugerencias y accedemos a nombrarle representante nuestro para ...

Aceptando el puesto

1. Acuso recibo de su carta del ... y tengo mucho gusto en confirmar que acepto el empleo que me ofrece como ... en su compañía bajo las condiciones detalladas en su carta.
2. Tomo nota de que desea que me haga cargo del puesto el lunes día ... a las 9 de la mañana.
3. Sólo me queda darle las gracias por la confianza que pone en mí, que trataré en todo momento de justificar.

18. ADVERTISING AND PUBLICITY

Asking advice

1. We wish to appoint representatives in the most important towns in your country and intend to advertise in several newspapers. Would you please give us your advice as to which papers would be most suitable for this purpose. We should also like to know whether it is more advisable to send the advertisements directly to the papers concerned or through an advertising agency.

2. Our advertising budget would allow us to spend ... in your country. Do you think this amount would allow us to book air time on your commercial television stations or would you advise us to limit our advertising to bill posting and press advertising?

3. Do you consider the ... the right paper (periodical) for advertising our ...?

4. We should be glad to have your advice on the enclosed rough layouts.

Giving advice

1. We see from your letter of the ... that you wish to appoint representatives in this country. We agree that it will be best to insert advertisements in the leading newspapers of our most important towns and we add a list of the most suitable newspapers together with their charges.

2. We shall be pleased to have the advertisements inserted in the newspapers selected and should be glad to receive the text of the advertisements, which, if necessary, we shall be glad to translate for you.

18. ANUNCIOS Y PUBLICIDAD

Pidiendo consejos

1. Deseamos nombrar representantes en las principales ciudades de su país y tenemos intención de poner anuncios en varios periódicos. ¿Tendrían ustedes la bondad de aconsejarnos qué publicaciones son las más adecuadas para este propósito? También quisiéramos saber si es mejor enviar los anuncios directamente a los periódicos indicados o hacerlo a través de una agencia de publicidad.
2. Nuestra consignación de publicidad nos permitiría gastar ... en su país. ¿Creen ustedes que con esta cantidad podríamos reservar espacios en sus emisoras de televisión comercial, o nos aconsejarían que nos limitásemos a anunciar por medio de la prensa y carteles exteriores?
3. ¿Les parece a ustedes que ... es un periódico (una revista) adecuado(-a) para anunciar en él (ella) nuestro ... ?
4. Les agradeceríamos que nos diesen su parecer sobre las pruebas de anuncios que le enviamos adjuntas.

Aseorando

1. Vemos por su carta del ... que desean nombrar representantes en este país. Estamos de acuerdo con ustedes en que lo mejor será que se inserten anuncios en los principales periódicos de nuestras ciudades más importantes, y le mandamos una lista de las publicaciones más adecuadas, junto con detalles de los precios de anuncios.
2. Tendremos mucho gusto en poner los anuncios en los periódicos seleccionados; quedamos, pues, a la espera de recibir el texto de los anuncios, de cuya traducción podemos encargarnos, si es necesario.

18. ADVERTISING AND PUBLICITY—*contd.*

---

3. We have an excellent advertising man (market research specialist) on our staff.
4. An attractive idea, visually appealing.
5. Too ordinary. Would not stand out in competitive advertising.

Instructions

---

1. We should like the enclosed advertisement inserted ... times in double column.
2. Please submit proofs (prepare a dummy, suggest a layout, submit addresses for our mailing list).
3. We want to show your ... in a special window display and should be glad if you would send us showcards and other suitable display material.
4. We have instructed our advertising department to dispatch immediately ... double crown posters and should be glad if you would arrange bill-posting at suitable sites.
5. Please submit a rough for an illustration to show what the product does in an imaginative, amusing way/which should be simple in concept and execution, straightforward and devoid of any tricks or gimmicks.

19. CALL OF REPRESENTATIVES

Announcing visit

---

1. Our representative, Mr. ..., will visit your town next week.
2. He proposes to call upon you on ... at ..., if this is convenient to you.

18. ANUNCIOS Y PUBLICIDAD—*cont.*

3. Contamos con un excelente experto en publicidad (especialista en investigaciones mercantiles) entre nuestros empleados.
4. Una idea muy atractiva, de gran fuerza visual.
5. Demasiado corriente. No destacaría entre otros anuncios.

Instrucciones

1. Les agradeceríamos que insertasen el anuncio que incluimos ... veces a doble columna.
2. Tengan la bondad de enviarnos pruebas (preparar una maqueta, sugerir un tipo de anuncio, mandarnos direcciones para nuestra lista de presuntos clientes a los que enviar propaganda).
3. Deseamos mostrar su ... en una exposición especial en el escaparate, y les agradeceríamos que nos mandasen tarjetas de exposición y demás material adecuado.
4. Hemos dado instrucciones a nuestro departamento de publicidad de que despachen en seguida ... carteles de tamaño ... y les agradeceremos que dispongan que se fijen en sitios adecuados.
5. Tengan la bondad de enviarme una primera prueba de una ilustración que muestre las cualidades del producto de una manera imaginativa y divertida, que no sea nada complicada, que sea fácil de entender, y que no llame a engaño.

19. VISITA DE REPRESENTANTES

Anunciando la visita

1. Nuestro representante, don (el señor) ..., visitará su ciudad la semana próxima.
2. Piensa visitarles el ... a las ... si esta hora les conviene.

19. CALL OF REPRESENTATIVES—*contd.*

3. He will have with him a complete range of our latest products.
4. He will be able to show you (to demonstrate to you) our new model ...
5. All orders you may give him will receive our immediate and careful attention.

Request for representative to call

1. We are considering the purchase of (the installation of) ...
2. We are interested in your offer of ...
3. We should be glad if you could arrange for one of your representatives to call (to give a demonstration) on ... at ... o'clock (at a mutually convenient day and time).
4. Perhaps you will be good enough to inform us by telephone of the time your representative proposes to call.

Confirming visit

1. We thank you for your letter of ... requesting our representative to visit you.
2. I am happy to tell you that Mr. ... will be calling on you on ... next, January 15th, at ... a.m.
3. Our representative will be in ... on ... and will telephone you for an appointment.

Request for representative not to call

1. We regret that we are unable to see your representative on ... (take advantage of your kind offer).
2. A considerable stock was left on our hands from your last consignment and we have little demand for that sort of goods at present.

19. VISITA DE REPRESENTANTES—*cont.*

3. Llevará un muestrario completo de nuestros últimos productos.
4. Podrá mostrarles (demostrarles) nuestro nuevo modelo ...
5. Todos los pedidos que hagan ustedes a través de él recibirán nuestra inmediata atención.

Pidiendo que venga un representante

1. Tenemos proyectos de comprar (de instalar) ...
2. Nos parece interesante su oferta de ...
3. Les agradeceríamos que nos enviasen un representante que nos visite (que nos haga una demostración) el día ... a las ... (un día y a una hora conveniente para todos).
4. ¿Tendrían ustedes la bondad de informarnos por teléfono de la hora a que piensa venir su representante?

Confirmando la visita

1. Acusamos recibo de su carta del ... en que nos piden que les visite nuestro representante.
2. Tengo mucho gusto en comunicarles que don (el señor) ... les visitará el próximo ..., día 15 de enero, a las ... de la mañana.
3. Nuestro representante estará en ... el ... y les telefoneará para concertar una visita.

Solicitando que no venga el representante

1. Lamentamos tener que decirles que no nos es posible recibir a su representante el ... (aceptar su amable oferta).
2. Nos queda todavía, de la última remesa, una cantidad considerable de existencias, y actualmente hay muy poca demanda de ese tipo de productos.

19. CALL OF REPRESENTATIVES—*contd.*

---

3. We shall, however, keep your offer in mind and let you know if we are able to take advantage of it.
4. Owing to illness (unforeseen circumstances), our representative will not be able to call on you as arranged on ... We shall contact you again as soon as possible.

20. AGENTS

Offer to act as an agent

---

1. I understand from ... that you wish to have an agent in this market.
2. I am writing to inquire whether you are interested in buying in this country large quantities of ...
3. I saw your ... at the ... Exhibition and should like to market it in ...
4. I wish to offer you my services for the purchases (sale) of ... in this place (country).
5. I have had ... years' experience in the ... business.
6. I am the agent for ... in this town and wish to represent another firm.
7. I am well acquainted with local conditions and have excellent business connections.
8. My premises would allow me to stock a good selection of your goods.
9. The following can give you any information you desire about me:
10. My usual terms are a commission of ...
11. In view of my experience and extensive business connections I hope you will appoint me your sole agent for the territory.

19. VISITA DE REPRESENTANTES—*cont.*

---

3. Sin embargo, anotamos su oferta, y si podemos aceptarla en el futuro nos pondremos en contacto con ustedes.
4. Por motivo de enfermedad (A causa de imponderables), nuestro representante no podrá visitarles, según lo acordado, el ... Nos odveremos a poner en contacto con ustedes lo antes posible.

20. AGENTES

Oferta de actuar como agente

---

1. Según me dice ... ustedes desean tener un agente en este mercado.
2. Escribo para preguntarles si les interesa comprar en este país grandes cantidades de ...
3. He visto su ... en la Exposición de ... y quisiera actuar como agente de ustedes en ...
4. Deseo ofrecerles mis servicios para la compra (venta) de ... en esta ciudad (este país).
5. Tengo ... años de experiencia en el negocio de ...
6. Soy agente de ... en esta ciudad, y deseo representar otra casa comercial (compañía).
7. Conozco bien las condiciones locales y poseo una excelente clientela.
8. Mis locales me permitirían almacenar una buena selección de sus productos.
9. Las siguientes pueden proporcionarles la información que deseen acerca de mí:
10. Mis condiciones son generalmente una comisión de ...
11. En vista de mi experiencia y amplia clientela espero que me nombren agente en exclusiva para esta región.

20. AGENTS—*contd.*

Replies

1. We thank you for your letter of the ... and should like to discuss the possibility of an agency with you, and are prepared to appoint you our agent for ...
2. Will you let us have particulars of your experience and also give some references?
3. We are seeking a reliable representative who would undertake to buy for us on commission.
4. What commission would you expect for regular purchases?
5. We should be glad to know on what terms you would be willing to represent us, also the terms on which business is generally conducted in your country.
6. Will you please let us know what goods are suitable for the market?
7. Although we cannot accept your offer at present, we shall bear it in mind.
8. We herewith appoint you as our agent for ... at the terms mentioned in your letter of ...

21. BUSINESS ON COMMISSION

Instructions to sell

1. The steamer ..., which we expect to arrive at ..., has a consignment of ... for us on board.
2. The following goods, warehoused at ..., have been put at our disposal (have been offered to us).
3. We should be glad if you will take delivery of the goods for our account and sell on our behalf to the best advantage.

20. AGENTES—*cont.*

Respuestas

1. Acusamos recibo de su carta del ... y nos gustaría hablar de la posibilidad de nombrarle agente nuestro (estamos dispuestos a nombrarle agente de ...).
2. Tenga la bondad de darnos detalles de su experiencia anterior y también algunas referencias comerciales.
3. Buscamos un representante de confianza que esté dispuesto a comprar en nuestro nombre a comisión.
4. ¿Qué comisión requeriría usted por compras efectuadas a intervalos regulares?
5. Tenga la bondad de decirnos las condiciones bajo las que estaría dispuesto a representarnos, y también díganos de qué manera se suelen efectuar los negocios en su país.
6. ¿Tendría la bondad de decirnos qué productos son adecuados para ese mercado?
7. No nos es posible aceptar su oferta ahora, pero tomamos nota de ella.
8. Queda usted nombrado agente nuestro para ... en las condiciones mencionadas en su carta del ...

21. NEGOCIOS A COMISIÓN

Instrucciones de vender

1. El barco ..., que esperamos que llegue a ..., trae a bordo una remesa de ... para nosotros.
2. Se han puesto a nuestra disposición (Se nos han ofrecio) las siguientes mercancías, almacendas en ...´
3. Les agradeceríamos que se hiciesen cargo de la entrega de las mercancías por cuenta nuestra, y que las vendan como representantes nuestros de la forma más ventajosa.

21. BUSINESS ON COMMISSION—*contd.*

4. The necessary documents are enclosed (will follow shortly).
5. Will you please put the goods up for auction if you cannot sell them privately.
6. Kindly insure the goods against all risks.
7. We should be glad if you would let us have a rough estimate for this consignment, so that we can then give you definite instructions for the sale.

Instructions to buy

1. We should be glad if you would inspect the goods and, if they are in (tolerably) sound condition, purchase them for us.
2. We should be glad if you would purchase for us ... at a maximum price of ...
3. We should be glad if you could attend the auction of ... taking place on ... at ... and try to obtain the goods for us at not more than ...
4. If required, we shall wire you an appropriate amount.

Instructions carried out

1. We succeeded in selling the consignment which arrived for you by ...
2. The goods were sold (auctioned) in accordance with your instructions.
3. We enclose a statement of your account and a cheque for the amount due to you.
4. After deducting our commission and expenses, there remains a balance in your favour of ... which has been placed to your credit at the ... Bank.

21. NEGOCIOS A COMISIÓN—*cont.*

4. Incluimos (Mandaremos en breve) los documentos necesarios.
5. Tengan la bondad de poner los productos en pública subasta, si no les es posible venderlos privadamente.
6. Les rogamos que aseguren las mercancías contra todo riesgo.
7. Les agradeceremos que nos digan cuál es el valor aproximado de esta remesa, para que podamos darles instrucciones finales para su venta.

Instrucciones de comprar

1. Les agradeceremos que inspeccionen los géneros, y si se hallan en buenas (tolerablemente buenas) condiciones, los compren por cuenta nuestra.
2. Les agradeceremos que compren por cuenta nuestra ... a un precio máximo de ...
3. Les agradeceremos que asistan a la subasta de ... que tendrá lugar el ... a las ..., y que intenten adquirir por nuestra cuenta los géneros a un precio máximo de ...
4. Si es necesario, les expediremos por giro telegráfico la cantidad que haga falta.

Instrucciones cumplidas

1. Completamos con éxito la venta de la remesa que llegó para ustedes en ...
2. Hemos vendido (en pública subasta) las mercancías, según sus instrucciones.
3. Les mandamos una relación de su cuenta y un cheque por la cantidad debida a ustedes.
4. Después de descontar nuestra comisión y los gastos, queda un haber a su favor de ... que hemos abonado a su cuenta en el banco de ...

5. As requested, we give, as follows, our report and valuation of the consignment.
6. ... will suffice as cover and I should be glad if you would let me have the amount before the beginning of the sale.
7. As soon as we had your instructions, Mr. ... went to the manufacturers (wholesalers, agent) and tried to make the purchase. Unfortunately he did not succeed as prices were too high. If you wish to buy at ... I should be glad to have your further instructions.

22. LIMITED COMPANIES

Suggestions

1. The Chairman has asked me to thank you on his behalf for the suggestions you have made, which will be discussed at the next board meeting.
2. We are interested in the suggestions you have put forward and intend to raise the matter at our next Directors' meeting.
3. If you are interested in these suggestions I shall be pleased to submit a detailed scheme.
4. Perhaps you will be good enough to let me have your views on these points.

Meetings

1. The Annual General Meeting will be held at ... on ... at ... o'clock.
2. A member entitled to vote may appoint a proxy to vote for him.

21. NEGOCIOS A COMISIÓN—*cont.*

5. Según lo solicitado, a continuación presentamos nuestro informe y valoración de la remesa.
6. ... bastará como garantía, y les agradeceré que me manden esta cantidad antes del comienzo de la venta.
7. En cuanto recibimos sus instrucciones, don (el señor) ... se dirigió a los fabricantes (a los vendedores al por mayor, al agente) y trató de efectuar la compra. Por desgracia, no lo consiguió, pues los precios eran demasiado altos. Si desean ustedes que compremos a ... les agradeceremos que nos lo comuniquen.

22. COMPAÑÍAS LIMITADAS

Sugerencias

1. El director me ha pedido que le agradezca en su nombre las sugerencias que ha hecho usted, que se presentarán a la Junta de Administración en su próxima reunión.
2. Nos parecen interesantes las sugerencias que hizo usted, y tenemos la intención de presentar el asunto en la próxima reunión de la Junta Administrativa.
3. Si le interesan estas sugerencias, tendré mucho gusto en enviarle un plan detallado.
4. Tenga la bondad de darme su parecer sobre estos asuntos.

Reuniones

1. La Conferencia Anual se celebrará en ... el día ... a las ...
2. Cualquier socio con derecho a voto puede nombrar un representante que vote por él.

22. LIMITED COMPANIES—*contd.*

3. We have great pleasure in sending you the report on the General Meeting which was held on the 23rd of June.

Annual Report

1. The net profits this year amount to ... compared with ... last year.
2. The Directors have felt justified in recommending a dividend of ...% on the Preference Shares and ...% on the Ordinary Shares.
3. During the year the demand for ... generally diminished (increased).
4. In these circumstances a reduction in dividends seems inevitable.
5. A new subsidiary has been formed to handle the Company's export business.
6. The Company are seeking a quotation of their shares at the stock exchange.
7. Various projects are under consideration for improving the quality and reducing the costs of our products.

Decisions

1. At the last board meeting it was decided to

   pay no interest on Ordinary Shares.
   allocate to you ... Ordinary Shares (... % Preference Shares).
   pay a final dividend of ..., making with the interim dividend already paid a total distribution of ...%.

2. At the Annual General Meeting it was resolved that the capital of the Company be increased to ... by the issue of ... new Preference Shares of ... each.
3. ... was elected Chairman of the Board of Directors.

22. COMPAÑÍAS LIMITADAS—*cont.*

---

3. Tenemos mucho gusto en enviarle el informe de la Conferencia General que se celebró el 23 de junio.

Informe anual

---

1. Los beneficios netos de este año ascienden a ..., comparados con ... del año pasado.
2. La Junta de Administración ha decidido recomendar un dividendo de ...% sobre las acciones de preferencia y de ...% sobre las acciones ordinarias.
3. Durante el año la demanda de... en general disminuyó (aumentó).
4. En estas circunstancias parece inevitable la reducción de dividendos.
5. Se ha formado una nueva compañía subsidiaria que se encargará de los negocios de exportación de esta casa.
6. Esta compañía busca la cotización de sus acciones en la bolsa.
7. Se están considerando varios proyectos para mejorar la calidad y reducir el coste de nuestros productos.

Decisiones

---

1. En la última reunión de la Junta de Administración se decidió
   no pagar intereses sobre las acciones ordinarias.
   reservarle a usted ... acciones ordinarias (...% de acciones preferentes).
   pagar un dividendo final de ...%, lo que con el dividendo provisional ya pagado hará una distribución total de ... %.
2. En la Conferencia General se decidió aumentar el capital de la compañía hasta ..., mediante la creación de ... nuevas acciones preferentes, de ... cada una.
3. Don (el señor) ... ha sido elegido presidente de la Junta de Administración.

23. CHANGES IN PARTNERSHIP, MANAGEMENT, DESIGNATION, ADDRESS, ETC.

Appointments, partnerships, amalgamations, etc.

1. We have pleasure in announcing that
   - we have taken as partner ...
   - ... has been elected (appointed) ...
   - our business has been amalgamated with ... into a Limited Liability Company under the style of ...

2. We have appointed as our ... Mr. ...
   - who has been for many years with Messrs.
   - ... as ... in succession to ... who has taken up an appointment as ...

3. We regret to inform you that Mr. ...
   - has been compelled to retire for health reasons.
   - has given up our agency owing to his appointment as ...

4. We trust that you will give the new firm (company, partnership, management) the good co-operation we enjoyed in the past.

Changes owing to death

1. I much regret to inform you of the death of Mr. ...
2. I deeply regret having to inform you of the death of my partner, Mr. ...
3. The business (partnership) is now dissolved.
4. The business will be continued by the remaining partners.
5. We have taken over the assets and liabilities of the old firm.
6. The liabilities of the firm amount to ...
7. A meeting of the creditors will be called very shortly.

23. CAMBIOS DE ASOCIACIÓN, GERENCIA, NOMBRE, DOMICILIO, ETC.

Nombramientos, asociaciones, fusión de empresas, etc.

1. Tenemos el gusto de anunciar que | nos hemos asociado con ...
... ha sido seleccionado (nombrado) ...
nuestro negocio se ha amalgamado con ... en compañía limitada bajo el nombre de ...

2. Hemos nombrado ... a don (al señor) ... | que lleva muchos años con la Compañía ... en sucesión a don (al señor) ..., que ha sido nombrado ...

3. Lamentamos informarles que don (el señor) ... | se ha visto obligado a jubilarse por razones de salud.
ha dejado de ser agente nuestro al ser nombrado ...

4. Confiamos en que ustedes acordarán a la nueva casa (compañía, asociación, gerencia) la misma cooperación de que hemos gozado hasta ahora.

Cambios a causa de fallecimiento

1. Lamento informarles del fallecimiento de don (del señor) ...
2. Lamento mucho tener que informarles del fallecimiento de mi socio, don (el señor) ...
3. El negocio (La asociación) queda disuelto.
4. Los demás socios continuarán el negocio.
5. Nos hemos hecho cargo del activo y del pasivo de la firma anterior.
6. El pasivo de la firma asciende a ...
7. Pronto se convocará una reunión de acreedores.

23. CHANGES IN PARTNERSHIP, MANAGEMENT, DESIGNATION,
    ADDRESS, ETC.—*contd.*

Change of address

1. We have today moved (We shall move on Thursday) to ...
2. Our showrooms have been transferred to ...
3. We are pleased to be able to inform you that we have today
   moved to new and larger premises at the following
   address:

24. FAILURE AND BANKRUPTCY

Notification

1. I regret to have to inform you that in consequence of the
   losses I have sustained (the failure of our associates/ill-health
   which has for several years prevented my personal attention
   to business), I am unable to meet my liabilities (we have been
   obliged to suspend payment/file our petition).
2. In these circumstances (As I am very anxious to meet my
   obligations), I can only ask my creditors to grant me time for
   payment.
3. I have placed my books in the hands of Mr. ..., the Chartered
   Accountant, who will prepare a statement of my affairs
   (present you with a statement of my assets and liabilities).
4. A meeting of the creditors will be held on ... at ... o'clock.
5. You should lodge your claim with the official receiver by ...
6. Mr. ... has been appointed to receive all outstanding amounts
   and to consider all claims.
7. A receiving order was made on the ...

23. CAMBIOS DE ASOCIACIÓN, GERENCIA, NOMBRE,
    DOMICILIO, ETC.—*cont.*

Cambio de dirección

---

1. Nos trasladamos hoy ... (El jueves nos trasladaremos) a ...
2. Nuestras salas de exposición se han trasladado a ...
3. Tenemos el gusto de informarles que nos trasladamos hoy
   a locales nuevos y más amplios, en la siguiente dirección:

24. QUIEBRA Y BANCARROTA

Notificación

---

1. Lamento tener que informarles que, como consecuencia de las
   pérdidas que he sufrido (la quiebra de nuestros socios/la
   falta de salud que desde hace años me impide prestar atención personal a mis negocios), me veo obligado a declararme
   en quiebra (nos hemos visto obligados a suspender pagos/
   a presentar nuestra declaración).
2. En estas circunstancias (Como quiero hacer frente a mis obligaciones de alguna manera), lo único que puedo hacer es
   pedir a mis acreedores que me concedan tiempo para pagar.
3. He hecho entrega de mis libros a don (al señor) ..., contador
   perito (habilitado), que preparará un extracto de mis cuentas
   (les presentará una relación de mis partidas de activo y de
   pasivo).
4. Se celebrará una reunión de acreedores el día ... a las ...
5. Ustedes deberán presentar su reclamación al síndico de quiebras
   antes del ...
6. Don (El señor) ... ha sido nombrado para recibir todas las
   cantidades debidas y para considerar todas las reclamaciones.
7. Se hizo una orden recaudadora el ...

24. FAILURE AND BANKRUPTCY—*contd.*

Representation

1. If you are unable to attend you have the right to be represented.
2. Your representative will have to produce power of attorney.
3. We have just been advised that Messrs. ... have filed their petition.
4. We should be glad if you would represent us at the creditors' meeting to be held on the ...
5. We enclose power of attorney, duly attested, as well as all relevant documents.

Accommodation

1. The amount of the liabilities is ... and the assets will be about ...
2. Should the stock be disposed of by compulsory sale, it will, in all likelihood, realize only a fraction of the amount stated.
3. We are prepared to accept a settlement and wish to know what terms the bankrupt offers.
4. The creditors have accepted an offer of 8*s*. 6*d*. in the pound.

24. QUIEBRA Y BANCARROTA—*cont.*

Representación

1. Si no les es posible asistir, tienen derecho a que les represente alguien.
2. Su representante tendrá que presentar los poderes que le autorizan.
3. Se nos acaba de comunicar que la Compañía ... ha presentado su declaración.
4. Les agradeceríamos que nos representasen en la reunión de acreedores que se celebrará el ...
5. Incluimos los poderes debidamente requisitados, así como todos los documentos necesarios.

Arreglo

1. Las obligaciones ascienden a ... y las partidas de activo serán aproximadamente ...
2. Si se liquidan las existencias en venta de obligación, lo más probable será que realicen sólo una fracción de la suma mencionada.
3. Estamos dispuestos a aceptar una liquidación y deseamos saber las condiciones que ofrece la bancarrota.
4. Los acreedores han aceptado una oferta de 8*s*. 6*d*. por libra.

IV

Business transactions

Transacciones comerciales

25. INQUIRIES

A "first" inquiry

1. Your firm has been recommended to us by ...
2. We have seen your advertisement in ...
3. We have seen your stand at the ... Fair (Exhibition).
4. We are interested in ...
5. We have an inquiry for (large quantities of) ...
6. We are considering buying (installing) ...
7. We require for immediate delivery ...
8. We understand (from ...) that you are producing (for export to ...)/ can supply ...

Requests

1. Will you please	let us know your prices for ...
	let us know whether you could supply ...
	give us a quotation for ...

2. Please send us	your price-list (catalogue).
We should be grateful for	samples (patterns) of ...
	your export catalogue.
	further details of ...

3. Please offer	quantities	which can be supplied from stock.
	qualities	for delivery by ...
	articles	for shipment on the ... at the latest.
	goods	

25. SOLICITANDO INFORMES

Carta preliminar

1. Su firma nos ha sido recomendada por ...
2. Hemos visto su anuncio en ...
3. Hemos visto su pabellón en la Feria (Exposición de) ...
4. Estamos interesados en ...
5. Se nos han pedido informes sobre (grandes cantidades de) ...
6. Estamos considerando la compra (la instalación) de ...
7. Nos hace falta, para entregar inmediatamente, ...
8. Tenemos entendido que (Según nos dice ...) ustedes están produciendo (para exportar a ...)/ ustedes pueden suministrar ...

Peticiones

1. Tengan la bondad de | decirnos los precios de ...
   | informarnos de si pueden suministrar ...
   | hacernos un cálculo del coste de ...

2. Les rogamos que nos envíen | su lista de precios (catálogo).
   | muestras (modelos) de ...
   Les agradeceremos que nos manden | su catálogo de exportaciones.
   | más detalles sobre ...

3. Les rogamos que nos digan qué | cantidades | pueden proporcionarnos de sus existencias.
   | calidades |
   | artículos | para entregar el ...
   | mercancías | para enviar el ... a lo más tardar.

25. INQUIRIES—*contd.*

Terms

1. We should be glad if you would quote your lowest terms for substantial quantities, f.o.b. Hamburg (c.i.f. Lisbon).
2. Will you let us know at the same time what your terms are (how long it will take you to deliver/what discount you give for large quantities).
3. We enclose | lists of goods which we require.
            | patterns showing the qualities required.
            | drawings of the machine (installation).
4. Payment will be made by irrevocable letter of credit.
5. We shall supply trade references with our order.
6. We shall require the ... not later than ...
7. We require large quantities and can give you considerable orders if both qualities and prices suit us.

26. OFFERS

Opening lines

1. We thank you for your inquiry of the ... about ... and are sending you (separately)

    | a copy of our latest catalogue (current price-list).
    | samples of various patterns (qualities, articles).
    | specimens of our ..., together with our price-list.

2. Thanking you for your inquiry of ... we can supply for immediate delivery ...

25. SOLICITANDO INFORMES—*cont.*

Condiciones

1. Les agradeceremos que nos digan cuál sería el mínimo precio que requerirían por grandes cantidades de ... l.a.b. Hamburgo (c.s.f. a Lisboa).
2. Tengan la bondad de informarnos al mismo tiempo de sus condiciones (de cuánto tardarán en entregar las mercancías/ del descuento que nos harán por grandes cantidades).
3. Incluimos | listas de las mercancías que requerimos.
   muestras de las calidades que nos interesan.
   esquemas de la máquina (instalación).
4. El pago se efectuará por carta de crédito irrevocable.
5. Con nuestro pedido le proporcionaremos referencias comerciales.
6. Necesitaremos ... antes del ...
7. Necesitamos grandes cantidades, y si nos convienen las calidades y los precios podemos hacerles pedidos considerables.

26. OFERTAS

Principio de la carta

1. Acusamos recibo de su carta del ... en que nos piden información sobre ..., y les enviamos (por correo aparte)
   un ejemplar de nuestro último catálogo (nuestra lista de precios).
   ejemplos de varios modelos (calidades, artículos).
   muestras de nuestro ..., junto con nuestra lista de precios.
2. Acusamos recibo de su carta del ... Podemos proporcionarles, para entrega inmediata, ...

26. OFFERS—*contd.*

---

3. In reply to your inquiry of the ... for ... we have much pleasure in submitting the following quotation:
4. We return your list of articles required with our prices added.
5. We think you will be interested in our ... and are sending you our latest catalogue and price-list.

Delivery

---

1. We would deliver the quantities mentioned in your inquiry from stock ... days from the receipt of the order.
2. Delivery f.o.b. (free on board)/c.i.f. (cost, insurance, freight)/free border.
3. Packing extra (free of charge/to be allowed for if returned carriage paid).

Terms

---

1. Our usual terms are | cash against documents less ...%.
bank draft against pro-forma invoice.
draft at ... days' sight.
documents against irrevocable letter of credit.
monthly (quarterly/half-yearly) settlement.
2. For orders of ... and more we shall be able to allow a special discount of ...%.

26. OFERTAS—*cont.*

3. En contestación a su carta del ... en que nos piden información sobre ..., tenemos mucho gusto en enviarles el siguiente cálculo de precios:
4. Les devolvemos la lista de los artículos que necesitan, con indicación de nuestros precios.
5. Creemos que les interesará nuestro ... y les mandamos nuestro último catálogo y lista de precios.

Entrega

1. Las cantidades mencionadas en su carta las podríamos entregar de nuestras existencias ... días después de recibir el pedido.
2. Entrega l.a.b. (*libre a bordo*)/c.s.f. (*coste, seguro y flete*)/porte pagado hasta la frontera.
3. Embalaje a pagar (gratuito/gratuito si se devuelve porte pagado).

Condiciones

1. Nuestras condiciones normales son | pago al contado a la presentación de los documentos, menos el ...%.
letra bancaria a la presentación de la factura.
letra a ... días vista.
documentos contra carta de crédito irrevocable.
pago mensual (trimestral/semestral).
2. Por pedidos de ... o más, haremos un descuento especial de ...%.

26. OFFERS—*contd.*

3. This offer is | firm for ... days.
                  | subject to the goods being unsold.
                  | at a special price and therefore not subject to the
                  | usual discounts.

Concluding lines

1. As you see, our prices are exceedingly low, and as they are most likely to rise, we advise you, in your own interest, to place your order as soon as possible.
2. Please let us have your order as soon as possible since supplies are limited.

27. ORDERS

Delivery

1. We thank you for your letter of ... (quotation/price-list) and would ask you to send us immediately ...
2. We have pleasure in enclosing our order No. ...
3. As the goods are urgently required, we shall be grateful for immediate delivery (delivery by ...).
4. We must insist on delivery within the time stated and reserve the right to reject the goods should they be delivered later.

26. OFERTAS—*cont.*

3. Esta oferta | es válida durante ... días.
| queda sujeta a que los géneros sigan estando disponibles.
| la hacemos a un precio especial, y por tanto no está sujeta a los descuentos corrientes.

Final de la carta

1. Verán ustedes que los precios mencionados son excepcionalmente bajos, y como es probable que suban muy pronto, les aconsejamos, en su propio interés, que nos hagan el pedido lo antes posible.
2. Les rogamos que nos hagan el pedido lo antes posible, pues nuestras existencias son limitadas.

27. PEDIDOS

Entrega

1. Acusamos recibo de su carta del ... (cálculo de coste/lista de precios) y les rogamos que nos manden en seguida ...
2. Tenemos mucho gusto en incluir nuestro pedido número ...
3. Como los productos nos hacen falta en seguida, les agradeceremos que
| efectúen la entrega inmediatamente.
| efectúen la entrega antes del día ...
4. Tenemos que insistir en que la entrega se realice dentro del tiempo especificado, y nos reservamos el derecho a rechazar los géneros en caso de demora.

27. ORDERS—*contd.*

---

5. Please forward the consignment | by air.
   Please arrange for delivery | by goods train.
   Please send as soon as possible | by passenger train.
   | by next boat.
6. We shall be glad if you would see that the enclosed packing instructions are carefully followed.
7. Please ship (pack/forward) in strict accordance with the enclosed instructions.
8. Owing to the long distance, will you please take care that only the best cases (casks/sacks) are used.
9. We trust you will send best quality only.
10. We should be glad if you would | confirm acceptance of our order by return.
    | quote the above order No. on all letters and documents.

Payment

---

1. For the amount of the invoice and charges you may draw upon us at ... days' notice.
2. We require invoice (dispatch note) in duplicate (triplicate) and a Certificate of Origin.
3. We allow three months' credit and trust you will grant us the same terms.
4. As this is our first order we | give the following references.
   | enclose cheque for ...
   | shall pay cash against documents.

27. PEDIDOS—*cont.*

---

5. Les rogamos que hagan el envío | por avión.
   Les rogamos que efectúen la entrega | por ferrocarril de
   Les rogamos que nos envíen lo antes | mercancías.
   posible | por ferrocarril de
   | pasajeros.
   | en el próximo barco.

6. Les agradeceremos que se encarguen de que las siguientes instrucciones de embalaje se observen cuidadosamente.

7. Tengan la bondad de seguir al pie de la letra las instrucciones que incluimos sobre el embarque (el embalaje/la expedición).

8. A causa de la gran distancia, les rogamos que tomen sumo cuidado en usar sólo cajas (barriles/sacos) de la mejor calidad.

9. Confiamos en que sólo nos enviarán productos de primera calidad.

10. Les agradeceríamos que | nos confirmasen su aceptación de nuestro pedido a vuelta de correo.
    | citasen el número del pedido en toda correspondencia y documentos.

Pago

---

1. Pueden presentarnos la factura por el coste total avisándonos con ... días de antelación.

2. Necesitamos la factura (nota de expedición) por duplicado (por triplicado) y el certificado de origen.

3. Concedemos tres meses de crédito, y confiamos en que se nos acordarán las mismas condiciones.

4. Como éste es nuestro | damos las siguientes referencias.
   primer pedido | incluimos un cheque por ...
   | pagaremos al contado a la presentación de los documentos.

27. ORDERS—*contd.*

Insurance

1. Please insure at invoice value plus ...%.
2. We shall take out insurance ourselves.

28. CONFIRMATION AND EXECUTION OF ORDERS

Acknowledgement

1. Thank you for your Order No. ..., for which we enclose our official confirmation.
2. We thank you for your Order No. ... dated ... for ...
3. We thank you for your letter of ... and for the order which you enclosed with it.
4. Your instructions have been carefully noted and we hope to have the goods ready for dispatch on ...
5. The execution of your order will require at least ... weeks (months).
6. Delivery will be made on .../next .../by .../as soon as possible.
7. The goods | were forwarded today | by air.
   | will be sent tomorrow | by goods train.
   | will be sent on the ... | by passenger train.
   | | by the boat leaving on ...
8. With reference to your order we are glad to tell you that the goods are now ready for dispatch (shipment). We are expecting your forwarding (shipping) instructions.

27. PEDIDOS—*cont.*

Seguro

1. Tengan la bondad de asegurar la expedición por el valor de la factura más ...%.
2. Obtendremos nosotros mismos nuestro seguro.

28. CONFIRMACIÓN Y EJECUCIÓN DE PEDIDOS

Acuse de recibo

1. Acusamos recibo de su pedido número ... e incluimos nuestra confirmación oficial del mismo.
2. Acusamos recibo de su pedido número ..., de fecha ... por ...
3. Acusamos recibo de su carta del ... y del pedido que la acompañaba.
4. Hemos anotado cuidadosamente sus instrucciones y esperamos que las mercancías estén dispuestas para ser despachadas el ...
5. La ejecución de su orden requerirá por lo menos ... semanas (meses).
6. La entrega se efectuará el .../el próximo .../para el día .../lo antes posible.
7. Los géneros

han sido expedidos hoy	por avión.
serán enviados mañana	por tren de mercancías.
serán despachados el ...	por tren de pasajeros.
	en el barco que saldrá el ...

8. Con referencia a su atenta orden, tenemos el gusto de comunicarles que los géneros están ya dispuestos para ser enviados (embarcados). Estamos a la espera de sus instrucciones sobre la expedición (embarcación).

28. CONFIRMATION AND EXECUTION OF ORDERS—*contd.*

Invoice

1. We enclose our invoice in duplicate (triplicate).
2. The amount has been drawn on you at sight for presentation through the ... Bank against shipping documents.
3. We enclose our draft upon you at ... days' date, and shall be glad if you will return it accepted in due course (the shipping documents in duplicate/our account of freight and other expenses/the detailed account of our expenses).
4. We should be glad if you would remit the amount of the invoice to the ... Bank (to credit our account with the amount).

Insurance

1. As requested, we have arranged insurance and will attach the policy to the shipping documents.
2. We have noted that you are covering insurance yourselves.

Conclusion

We feel confident that you will be satisfied with the goods and hope that you will place further orders with us soon.

29. CONDITIONS AND MODIFICATIONS OF ORDERS

Inquiries

1. We would like to order ... | make them in ...
   if you could | deliver them within ... weeks.
   | supply them at a cheaper price.

28. CONFIRMACIÓN Y EJECUCIÓN DE PEDIDOS—*cont.*

Facturas

1. Incluimos nuestra factura por duplicado (triplicado).
2. Hemos librado esta cantidad a su cargo y será presentada por el Banco de ..., pagadera a la vista contra los documentos de expedición.
3. Incluimos nuestra letra de cambio a su cargo a ... días vista, y les agradeceremos que nos la devuelvan con su aceptación a su debido tiempo (los documentos de expedición por duplicado/nuestra cuenta de flete y otros gastos/la cuenta detallada de nuestros gastos).
4. Les agradeceremos que nos remitan la cantidad indicada en la factura al Banco de ... (que la abonen a nuestra cuenta).

Seguros

1. Según nos pidieron, hemos sacado el seguro y uniremos la póliza a los documentos de expedición.
2. Tomamos nota de que ustedes se encargan de su propio seguro.

Final de la carta

Confiamos en que quedarán satisfechos con los productos y esperamos recibir sus gratas órdenes en el futuro inmediato.

29. CONDICIONES Y MODIFICACIONES DE PEDIDOS

Carta preliminar

1. Deseamos hacer un pedido de ... si pueden ustedes	fabricar los productos en ... entragarlos dentro de ... semanas. venderlos a un precio más barato.

29. CONDITIONS AND MODIFICATIONS OF ORDERS—*contd.*

2. We should like to hear what special discount you could grant us for orders over ...
3. We have passed on your inquiry to our works and have asked them to report whether this model can be produced in accordance with your specifications (within the time specified).

Conditions

1. Please delete from the order any items which you cannot supply from stock.
2. Please supply the nearest you have in stock to the enclosed sample.
3. If No. ... is not available, please send No. ... instead.
4. The length (height/weight/contents) must not exceed (be under) ...
5. The ... must be guaranteed to our own specification.
6. The ... must be waterproof (pure wool) and we place this order subject to this guarantee.

Offering alternatives

1. We have nothing in stock that is sufficiently similar to your pattern. The only alternative we can offer is ...
2. We have a very similar ... which might suit you and we enclose a pattern (illustration/description) of it.
3. Unfortunately ... is out of stock at present and will not be available before ... We can, however, offer the similar ...

29. CONDICIONES Y MODIFICACIONES DE PEDIDOS—*cont.*

2. Quisiéramos saber qué descuento especial nos podrían conceder por pedidos de más de ...
3. Hemos pasado su requerimiento a la fábrica, para que nos digan si se puede producir ese modelo según sus especificaciones (dentro del tiempo indicado).

Condiciones

1. Tengan la bondad de anular, en el pedido, todo lo que no puedan proporcionarnos de sus existencias.
2. Tengan la bondad de enviarnos lo más parecido que tengan en sus almacenes a la muestra que incluimos.
3. Si no cuentan ustedes con el número ..., tengan la bondad de mandar el número ...
4. La longitud (la altura/el peso/el contenido) no debe exceder (ser menos de) ...
5. El (La) ... debe quedar garantizado conforme a nuestra especificación.
6. El (La) ... debe ser impermeable (de lana pura), y nuestro pedido no es válido sin esa garantía.

Oferta de mercancías análogas

1. No contamos ahora con nada que sea suficientemente parecido a lo que ustedes quieren. Lo único que podemos ofrecer es ...
2. Tenemos un ... muy parecido que podría convenirles, así es que incluimos un modelo (una ilustración/una descripción) del mismo.
3. Por desgracia ... está agotado por el momento, y no volveremos a tenerlo hasta ... Sin embargo, podemos ofrecerles un ... que es muy parecido.

29. CONDITIONS AND MODIFICATIONS OF ORDERS—*contd.*

4. We could make it in ..., but this would mean an increase in price to ...
5. We regret that we cannot supply at the prices stated in your letter (quoted ... months ago). Our best possible price today would be ...
6. To produce an article to your specification would mean an alteration to our production methods and consequently an increase in labour and material costs. We trust you will find the price of ... acceptable (be able to increase your order to ...).
7. If you can increase your order to ... we can offer you a ...% discount.

30. DELAYS IN DELIVERY

Reminders

1. The goods we ordered on ... have not yet been received.
2. Our order No. ... of ... | should have been delivered (shipped) on ...
   | is now considerably overdue.
3. We wired you today: "Order No. ... not yet received. Send immediately."
4. As the goods are urgently needed we should be glad if you would dispatch them without further delay.
5. We should be glad if you would send us something to be going on with.

29. CONDICIONES Y MODIFICACIONES DE PEDIDOS—*cont.*

4. Podríamos tenerlo preparado en ..., pero esto supondría un aumento de precio a ...
5. Lamentamos que no podemos proporcionar los géneros que requieren a los precios indicados en su carta (que señalamos hace ... meses). El mejor precio que podemos ofrecer hoy es ...
6. Para producir el artículo que ustedes especifican tendríamos que alterar nuestros métodos de producción y por tanto tendríamos que emplear más mano de obra y aumentar los costes de material. Confiamos en que ustedes hallarán aceptable el precio de ... (ustedes podrán aumentar el pedido a ...).
7. Si pueden aumentar ustedes el pedido a ..., podríamos ofrecerles un descuento de ... %.

30. RETRASOS EN LA ENTREGA

Indagaciones

1. Los géneros que pedimos el ... no se han recibido todavía.
2. Nuestro pedido núm. ... del ... | debía haberse entregado (expedido) el ...
debía haber llegado hace tiempo.
3. Hoy les hemos puesto este telegrama: "Reclamamos pedido núm. ... Envíen en seguida."
4. Nos hacen falta urgente los géneros, y les agradeceremos que nos los envíen sin más demora.
5. Les agradeceremos que nos manden en seguida un envío parcial para las necesidades más urgentes.

30. DELAYS IN DELIVERY—*contd.*

---

6. Unless the goods can be | dispatched | immediately,
                         | shipped | without further delay,
                         | delivered | within ... days,
    we shall be obliged to cancel the order.
7. Please let us know by return (by cable) when we can expect delivery.
8. Would you kindly look into the reasons for this delay. The completion of (construction of) ... has been held up as a result of it.

Apologies and explanations

---

1. We very much regret that we have been unable to complete your order by the ... (deliver more than ...).
2. We are very sorry about this delay in the delivery of your order.
3. The delay is due to | a strike.
    Deliveries have been held up by | the breakdown of a machine.
    The execution of your order has | shortage of raw material.
      been delayed by | staff absence owing to the flu epidemic.
                                   | circumstances beyond our control.
4. We regret that owing to ... | to deliver your order No. ...
    we are still unable | to send the goods off by ...
5. We are very sorry that the delay has caused you so much inconvenience.
6. We are making every effort to execute | as soon as possible.
    your order | by the ... at the latest.
7. We hope to deliver part of your order on ... The balance will follow in ... days.

30. RETRASOS EN LA ENTREGA—*cont.*

6. A menos que los géneros | despacharse | inmediatamente,
   puedan | embparcarse | sin más demora,
   | entregarse | en el curso de los
   | | próximos ... días,
   tendremos que (nos veremos obligados a) cancelar el pedido.
7. Tengan la bondad de decirnos a vuelta de correo (por telegrama)
   cuándo podemos esperar que lleguen los géneros.
8. Tengan la bondad de investigar las causas de este retraso. La
   finalización (La construcción) de ... ha quedado detenida
   por ese motivo.

Disculpas y explicaciones

1. Lamentamos mucho no haber podido ejecutar su pedido antes
   del ... (enviar más que ...).
2. Lamentamos muchos la demora en la ejecución de su pedido.
3. Este retraso se debe a | una huelga.
   La expedición ha quedado | la avería de una máquina.
   interrumpida a causa de | escasez de materia prima.
   La ejecución de su pedido | una epidemia de gripe entre nues-
   se ha retrasado por | tro personal.
   | imponderables.
4. Lamentamos que a causa de ... | ejecutar su pedido núm. ...
   todavía no podemos | enviar los productos antes del
   | día ...
5. Lamentamos mucho que el retraso les haya ocasionado tantas
   molestias.
6. Estamos haciendo todo lo posible | antes cuanto.
   por ejecutar su pedido | para el ... a lo más tardar.
7. Esperamos poder ejecutar parte de su pedido el día ... El resto
   seguirá ... días después.

31. NON-FULFILMENT AND CANCELLATION OF ORDERS

Inability to fulfil an order

1. We regret that No. ... | is no longer available.
   will not be available before the ...
   cannot be delivered within the time specified.
   is not in stock at present. We can offer No. ... instead.
   is not available in this colour (shade).

2. We can accept the order only for delivery in ...

3. It is impossible for us | to deliver on (by) ...
   to supply on sale or return.
   to allow you a reduction of ... %.
   to accept an order for such small quantities.

4. Please select a suitable substitute from the enclosed patterns (our catalogue).

5. For No. ..., which is no longer available, we have substituted the very similar No. ... and trust this will meet with your approval.

6. Very much to our regret we are unable to carry out your order, as this material is no longer available. You will find the ... a considerable improvement on the ...

7. The price you offer is so low that we cannot agree to it. The best we can do is to supply you at ...

Cancellation of orders

1. We regret that we have to cancel the order contained in our letter of the ... (given to your representative on the ...).

31. INCUMPLIMIENTO Y ANULACIÓN DE PEDIDOS

Imposibilidad de atender un pedido

1. Lamentamos comunicarles que el núm. ...
   - ya no se produce.
   - no estará a la venta hasta ...
   - no se puede enviar para la fecha indicada.
   - está agotado ahora; podemos ofrecer el núm. ... en su lugar.
   - no se produce en ese color (matiz).

2. Sólo podemos aceptar el pedido para entregar los géneros dentro de ...

3. Nos es imposible
   - hacer la entrega el (antes del) ...
   - enviar los géneros a condición de que los devuelvan si no los venden.
   - hacerles una reducción del ...%.
   - aceptar un pedido de tan pequeñas cantidades.

4. Tengan la bondad de seleccionar un sustituto adecuado de los modelos que incluimos (nuestro catálogo).

5. En vez del núm. ..., que ya no se produce, hemos incluido el núm. ... que es muy parecido, y esperamos que les resulte aceptable.

6. Lamentamos mucho no poder atender su pedido, pero este material está agotado. El ..., como ustedes verán, supone una mejora considerable sobre ...

7. El precio que ustedes ofrecen es tan bajo que no lo podemos aceptar. Lo más que podemos hacer es ofrecerles un precio de ...

Anulación de pedidos

1. Lamentamos tener que anular el pedido incluido en nuestra carta del ... (hecho través de su representante el ...).

2. As you are unable to execute the above order by ...|
   As we have not received the goods which were to be|
      delivered on ...
   As import duties have been raised to such an extent|
      we are compelled to cancel the order.
3. Will you please hold up our order No. ... (the dispatch of the
   goods ordered on ...) until further notice.
4. In case our order No. ... is not yet executed (the goods are not
   dispatched yet) we ask you to hold up the consignment until
   further notice.
5. As the season is nearly over (we were dissatisfied with your last
   delivery) we herewith cancel the remainder of our order
   (our repeat order).

32. COMPLAINTS

Reference

1. We have today received the boxes (bales/sacks/crates/parcels)
   referred to in your advisory note of the ...
2. With reference to your consignment of ..., we regret that ...

Nature of the complaint

1. We are sorry to have to tell you that the goods	arrived in a bad condition.
	were damaged in transport.
	are not suitable for this market.
	are not according to the samples (to order).

31. INCUMPLIMIENTO Y ANULACIÓN DE PEDIDOS—*cont.*

2. Como no les es posible a ustedes atender el pedido
   indicado antes del ...
   Como no hemos recibido los productos de que
   habían de hacer entrega el ...
   Como los derechos de importación han subido tanto
   nos vemos obligados a anular el pedido.
3. Tengan la bondad de suspender nuestro pedido núm. ... (la
   expedición de los géneros pedidos el ...) hasta que tengan
   noticias nuestras en otro sentido.
4. Si no han atendido todavía nuestro pedido núm. ... (Si no han
   despachado los géneros todavía), les rogamos que suspendan
   el envío de la remesa hasta que tengan noticias nuestras en
   otro sentido.
5. Como la temporada está casi pasada (no quedamos satisfechos
   con su último envío) anulamos el resto de nuestro pedido
   (la duplicación del pedido).

32. RECLAMACIONES

Referencia

1. Hemos recibido hoy las cajas (balas/sacos/embalajes de tablas/
   paquetes) a que se referían en su aviso del ...
2. Con referencia a su remesa de ... lamentamos tener que decir
   que ...

Tipo de reclamación

1. Lamentamos tener que decirles que los géneros	llegaron en malas condiciones.
	se averiaron durante el transporte.
	no son apropiados para este mercado.
	no corresponden a las muestras (a nuestro pedido).

32. COMPLAINTS—*contd.*

2. To our surprise we found that
   > one case (the cases) contained ... instead of ...
   > the contents do not agree with the delivery note.
   > many (most) were cracked (damaged).

3. We stipulated that they should be ..., but found that they were ...

4. ... were missing (were under/over the prescribed weight).

5. Several boxes were broken and the contents damaged.

6. Many sacks were torn and part of the contents was missing.

7. The goods were | so badly packed (damaged) | that a large part
                   | damaged to such an extent | has become
                   | | unfit for sale.

Action to be taken

1. We regret that we shall have to return the whole (part of) the consignment.

2. We must ask you | to replace the damaged goods.
                   | to credit us with the value of the damaged (returned) goods.

3. We are prepared to retain the goods, but only at a substantially reduced price.

4. We shall have to place the goods at your disposal and are awaiting your instructions.

5. Under the circumstances we have to cancel | the rest of our order.
                                             | the order contained in our letter of ...

6. We have pointed out the damage to the forwarding agents (the railway company/the shipping company/the airline) and had it certified.

32. RECLAMACIONES—*cont.*

2. Con gran sorpresa hallamos que
   - un barril (los barriles) contenía(n) ... en vez de ...
   - la mercancía entregada no corresponde con la nota de entrega.
   - muchos la (mayoría) estaban averiados (dañados).
3. Estipulamos que fuesen ... pero hemos visto que eran ...
4. Faltaban ... (... no llegaban al/excedían el peso acordado).
5. Varias cajas estaban rotas, y el contenido había sufrido daños.
6. Muchos sacos estaban rotos, y faltaba parte del contenido.
7. Los géneros estaban | tan mal embalados (tan averiados) tan estropeados | que gran parte es invendible.

Lo que van a hacer

1. Lamentamos que tendremos que devolver toda (parte de) la remesa.
2. Nos vemos obligados a pedirles | que sustituyan los géneros estropeados. que abonen a nuestra cuenta el valor de los géneros dañados (devueltos).
3. Estamos dispuestos a quedarnos con los géneros, pero solamente si nos hacen un descuento considerable en el precio.
4. Tendremos que poner los géneros a su disposición, y esperamos sus instrucciones.
5. En estas circunstancias, tendremos que cancelar | el resto del pedido. el pedido que acompañaba nuestra carta del ...
6. Hemos dado conocimiento del daño a los agentes de transporte (la compañía ferroviaria/la compañía naviera/la compañía aérea); hemos hecho que se levante acta de este daño.

33. APOLOGIES, EXPLANATIONS, ADJUSTMENTS

Apology

1. We very much regret (we are extremely sorry) that you are not satisfied with our consignment (our consignment has been damaged in transit/you are having trouble with ...).
2. We are quite unable to account for this unfortunate mistake (the damage to the goods).
3. We offer our sincere apologies for the most unfortunate error in the execution of your order.
4. We are extremely sorry for the inconvenience caused to you.

Explanation

1. Some mistake must have been made in the assembly (packing/dispatch) of your order.
2. The consignment must have met with very careless handling at the hands of the crew (dockers).
3. We have started inquiries to discover the cause of the trouble (taken the matter up with the forwarding agents) and shall write to you again as soon as we hear from them.
4. We should be grateful if you would hold the goods at our disposal until further notice.
5. We would point out that such slight deviations are quite normal.

Adjustment

1. We shall, of course, bear all the expenses which this mistake has caused.

33. DISCULPAS, EXPLICACIONES, AJUSTES

Disculpas

1. Lamentamos mucho (sentimos muchísimo) que no hayan quedado satisfechos con nuestro envío (nuestra remesa haya sufrido daños durante el transporte/que les esté dando mal resultado ...).
2. No sabemos a qué puede deberse este error (el daño a los productos).
3. Les rogamos que acepten nuestras sinceras disculpas por esta lamentable error en la ejecución de su orden.
4. Sentimos muchísimo la inconveniencia que se les ha causado.

Explicación

1. Debe haber habido algún error en la preparación (embalaje/ expedición) de su pedido.
2. El envío debe haber sido muy maltratado por la tripulación (los descargadores del puerto).
3. Hemos iniciado indagaciones para averiguar la causa del contratiempo (hemos dado conocimiento del asunto a los agentes de transporte), y les volveremos a escribir en cuanto tengamos noticias.
4. Les agradeceremos que tengan los géneros a nuestra disposición hasta que volvamos a ponernos en contacto con ustedes.
5. Deseamos indicar que esas pequeñas anormalidades son corrientes.

Ajuste

1. Por supuesto, correremos con todos los gastos causados por este error.

33. APOLOGIES, EXPLANATIONS, ADJUSTMENTS—*contd.*

2. We are sending off today (shall send off tomorrow) replacements of the rejected (damaged/faulty/missing) articles.
3. If you are prepared to keep the goods, we are prepared to make a special allowance of ...%.
4. As requested, we have cancelled the balance of your order.
5. We assume that you accepted the goods under protest.
6. We wish to assure you that we shall do all we can to prevent the recurrence of such an error.

34. QUERIES AND ADJUSTMENT OF CHARGES

Queries

1. On checking your invoice (statement) of the ... we find a slight error (that our figures do not agree with yours).
2. You apparently failed to credit us for the ... which we returned to you on the ...
3. You have charged for the ... at ... instead of at ... as quoted in your letter of ...
4. You have omitted your Credit Note No. ... for ... of the ...
5. You have charged for packing (insurance/freight).
6. You have shown the total amount as ... instead of ...
7. You have omitted to credit us with the discount on the consignment of ...

33. DISCULPAS, EXPLICACIONES, AJUSTES—*cont.*

2. Enviamos hoy (enviaremos mañana) otros artículos, en susti-
   tución de los rechazados (dañados/deteriorados/que faltaban).
3. Si están ustedes dispuestos a quedarse con los géneros, nosotros
   nos avenimos a concederles un descuento especial del ...%.
4. Según nos piden, hemos cancelado el resto de su pedido.
5. Suponemos que ustedes aceptaron los géneros con toda reserva.
6. Les aseguramos que haremos todo lo posible por evitar que
   vuelva a cometerse este error.

34. PEQUEÑAS RECLAMACIONES Y AJUSTE DE CARGOS

Pequeñas reclamaciones

1. Al comprobar su factura (relación) del ... hallamos que hay un
   pequeño error (que nuestros cálculos no coinciden con los
   suyos).
2. Por lo visto olvidaron ustedes incorporar en la cuenta el crédito
   de ... que les devolvimos el ...
3. Nos han cargado por ... a ... en vez de a ... según decían en su
   carta del ...
4. Han omitido ustedes su nota de crédito núm. ... por ... del ...
5. Nos han cargado por el embalaje (el seguro/el flete).
6. Han puesto ustedes ... de cantidad total, en vez de ...
7. No han tenido en cuenta el crédito a nuestro favor que supone
   el descuento del envío de ...

34. QUERIES AND ADJUSTMENT OF CHARGES—*contd.*

---

8. The charge for | packing | does not correspond with the cus-
   | | insurance | tom of the trade.
   | | delivery | is not provided for in your price-
   | | | list.
   | | | seems excessive.

9. The item for ... should read ... not ... We have accordingly increased (decreased) the total to ...

10. We assume that these charges were included in error and are deducting them from your invoice.

Adjustments

---

1. On receipt of your amended invoice I will send you my cheque in full settlement.

2. Thank you for calling our attention to the error of our invoice of the ...

3. Please find enclosed our amended invoice.

4. Please excuse that by an oversight we omitted to credit you with ...

5. We received your letter of the ... and noted your objection against the charge of ...

6. Although we do not charge for packing in this country, we are obliged to use more durable material for export and therefore have to charge for the cases.

7. We note that you deducted ...% discount and would point out that our quotation stated "net cash against documents".

8. Our special quotation of ... per case was made in anticipation of a much larger order. We regret we are not able to allow you a further discount.

34. PEQUEÑAS RECLAMACIONES Y AJUSTE DE CARGOS—*cont.*

---

8. El cargo por | el embalaje | no corresponde a lo acostumbrado.
   | el seguro | no se menciona en su lista de precios.
   | la entrega | nos parece excesivo.
9. La partida de ... debía ser ... en vez de ... Así es que hemos aumentado (reducido) el total a ...
10. Suponemos que estos cargos se incluyeron por error y los deducimos de su factura.

Ajustes

---

1. Al recibir su factura con la debida corrección les enviaré el cheque con la liquidación.
2. Les agradecemos que nos advirtiesen el error cometido en nuestra factura del ...
3. Enviamos adjunta nuestra factura debidamente corregida.
4. Les rogamos que nos disculpen que a causa de un descuido omitiésemos incluir el crédito a su favor de ...
5. Acusamos recibo de su carta del ... y tomamos nota de su objeción contra el cargo de ...
6. Aunque no cobramos el embalaje de mercancías enviadas dentro del país, para las de exportación tenemos que emplear material más duradero, y por tanto nos vemos obligados a cobrar el embalaje.
7. Hemos visto que han hecho ustedes una deducción de un ...%, y queremos recordarles que nuestra cotización estipulaba "pago al contado a la presentación de documentos".
8. Nuestra cotización especial de ... por caja se debió a que creíamos que harían ustedes un pedido mucho mayor. Lamentamos no poder concederles mayor descuento.

35. SETTLEMENT OF ACCOUNTS

Request for payment

1. We have pleasure in sending you herewith / We are pleased to enclose

   | statement of your account.
   | our invoice amounting to ...
   | our monthly statement.
   | our expense account.

2. Will you kindly let us have your remittance in settlement.

3. We would ask you, as agreed, to open an irrevocable letter of credit in our favour with the ... Bank.

4. We have drawn on you for this amount at ... days ... through the ... Bank.

5. The shipping documents will be delivered against acceptance of our draft.

6. As arranged, we are attaching our sight draft on you for ... to the shipping documents and are handing them to our bank.

Remittance

1. We have pleasure in sending you (herewith) our cheque for ... in payment of your invoice No. ... of the ...

2. In payment of your account we enclose a draft on ...

3. In settlement we enclose the above cheque (draft) which at today's rate of exchange is the equivalent of ...

4. We have arranged payment of ... through the ... Bank in settlement of ...

5. You may draw on us at sight for the amount of your invoice.

6. Enclosed we return, accepted, your bill of exchange for ...

7. We have deducted the usual ...% discount from the amount of your invoice.

8. I am sorry that I have not settled your invoice before now.

35. LIQUIDACIÓN DE CUENTAS

Petición de pago

1. Tenemos mucho gusto en | la relación de su cuenta.
   enviarles adjunta | nuestra factura por valor de ...
   Tenemos mucho gusto en | nuestra relación mensual.
   incluirles | nuestra cuenta de gastos.
2. Les rogamos que nos envíen la liquidación.
3. Les rogamos que, según lo convenido, abran una carta de crédito irrevocable a nuestro favor en el Banco de ...
4. Hemos librado su cargo por esta cantidad a ... días vista por el Banco de ...
5. Los documentos de embarque se entregarán a la aceptación de nuestro giro a su cargo.
6. Según lo dispuesto, unimos nuestro giro a la vista a su cargo por ... a los documentos de embarque, y se lo entregamos todo a nuestro banco.

Remesa

1. Tenemos mucho gusto en enviarles (adjunto) nuestro cheque por ... en pago de su factura núm. ... del ...
2. Como liquidación de su cuenta, incluimos una libranza a cargo de ...
3. Como liquidación, incluimos el cheque (la libranza) señalado(-a) que al cambio actual es el equivalente de ...
4. Hemos dispuesto el pago de ... por el Banco de ... como liquidación de ...
5. Pueden ustedes girar a nuestro cargo a la vista por la suma de su factura.
6. Devolvemos, debidamente aceptada, su letra de cambio por ...
7. Hemos efectuado el descuento usual del ...% de la suma indicada en su factura.
8. Les ruego me disculpen por no haber liquidado antes su factura.

35. SETTLEMENT OF ACCOUNTS—*contd.*

Acknowledgement

1. We acknowledge with thanks your cheque for ... in settlement of our invoice No. ... dated ... in respect of goods supplied on ... and are pleased to enclose our formal receipt.
2. We regret not to be able to grant you the discount deducted as we supply at net prices only. We should be glad if you would credit us again with the amount.

36. OVERDUE ACCOUNTS

First application

1. Will you kindly let us have your remittance in settlement of our Invoice No. ...
2. Our invoice was sent to you on ... but no advice of payment has yet been received from our bankers. We enclose a copy of the account and should be glad if you would arrange for it to be settled.
3. May we draw your attention to our statement dated ... for the amount of ... our Invoice No. ... of ... We enclose a copy.
4. No doubt it is through an oversight on your part that our draft on you for the payment of our Invoice No. ... of ... has not yet been accepted. We trust that you will give this matter your immediate attention.

Second application

1. May we draw your attention to the enclosed statement of your account with us. We feel sure that the fact that its settlement is overdue has escaped your notice and we shall be glad to receive your remittance at your earliest convenience.

35. LIQUIDACIÓN DE CUENTAS—*cont.*

Acuse de recibo

1. Acusamos recibo de su cheque por ... como liquidación de nuestra factura núm. ... de fecha ... relacionada con los géneros entregados el ... y tenemos mucho gusto en enviar adjunto nuestro recibo oficial.
2. Lamentamos no poder concederles el descuento que se han hecho, pues sólo surtimos a precio neto. Les agradeceremos que abonen esa cantidad a nuestro crédito.

36. CUENTAS EN DESCUBIERTO

Primera petición

1. Les agradeceremos que salden nuestra factura núm. ...
2. Les enviamos nuestra factura el ... pero todavía no hemos recibido aviso de pago de nuestro banco. Mandamos adjunta una copia de la cuenta, que les agradeceremos que liquiden lo antes posible.
3. Nos permitimos recordarles nuestra relación de fecha ... por la suma de ... nuestra factura núm. ... del ... Incluimos copia de la misma.
4. Sin duda es un descuido involuntario por su parte que nuestra libranza a su cargo en pago de nuestra factura núm. ... del ... no ha sido aceptada todavía. Confiamos en que prestarán atención inmediata a este asunto.

Segunda petición

1. Nos permitimos recordarles de nuevo la relación que incluimos de su cuenta con nosotros. Estamos seguros de que no se habrán dado cuenta de que la liquidación está pasada de vencimiento, y les agradeceremos que la salden lo antes posible.

36. OVERDUE ACCOUNTS—*contd.*

2. We wish to remind you that | our Invoice No. ... dated ... is still unpaid,
   our draft against our Invoice No. ... has not been accepted yet,

and would ask you to give the matter your immediate attention.

Third application

1. We are very sorry not to have received a reply to our letter of ... calling your attention to the fact that our invoice of the ... is still unpaid, although it is ... months overdue. We must request payment of the amount due without further delay.
2. We are surprised to learn that you have not honoured the bill due on the ... We have instructed our bankers to present it once more.

Final application

1. We much regret to note that we have not received any response to our repeated requests for the outstanding amount of our Invoice No. ... now ... months overdue. In these circumstances we are reluctantly compelled to say that, unless we receive your remittance in full settlement of the outstanding amount of ... by ..., we shall have to take proceedings without further notice.
2. As the bill remained unpaid, we shall begin proceedings on the ... unless we receive the amount due by return.

36. CUENTAS EN DESCUBIERTO—*cont.*

2. Nos permitimos recordarles | que todavía sigue sin saldar nuestra factura núm. ... del ...
que nuestra libranza contra nuestra factura núm. ... aún no ha sido aceptada

y les rogamos que presten inmediata atención a este asunto.

Tercera petición

1. Sentimos mucho no haber recibido contestación a nuestra carta del ..., en que les recordábamos que nuestra factura del ... está todavía sin saldar, aunque venció hace ... meses. Nos vemos obligados a pedirles que efectúen sin más dilación el pago de ...
2. Nos sorprende ver que todavía no han honrado la factura vencida el ... Hemos dado a nuestro banco instrucciones de que la presente una vez más.

Última petición

1. Lamentamos no haber recibido contestación alguna a nuestras repetidas peticiones de la cantidad en descubierto de nuestra factura núm. ..., que tiene ya ... meses de vencimiento. En estas circunstancias, nos vemos obligados, muy a pesar nuestro, a advertirles que, a no ser que recibamos liquidación completa de la cantidad debida de ... antes del ..., tendremos que entablar procedimientos judiciales sin otro aviso.
2. Como la suma adeudada sigue sin pagar, entablaremos procedimientos judiciales el ... a menos que recibamos esta cantidad a vuelta de correo.

37. REQUESTS FOR TIME TO PAY

Inability to pay

1. I apologize for not having replied before to your letter of ... requesting me to settle the overdue account (in which you give warning that legal proceedings will be taken owing to our failure to settle the account).
2. I am very sorry that it is quite impossible for me to meet your request at once (to accept your bill/to meet your draft upon me which will be due on ...).
3. As trade has been very slack recently,

    As the consignment of ... is still unsold,

    As we have suffered great losses recently,

    | I am temporarily in financial difficulties.

    | we are unable to meet our obligations.

    | we must ask you to wait a little longer for the settlement.
4. I deeply regret that you feel bound to contemplate legal action against us (me).

Promise to pay

1. I can assure you that payment will be made as soon as my (our) financial position has improved.
2. I have every hope that I shall be able to send you a remittance (to give you a firm assurance concerning the date of final settlement) within the next few days (by the end of the month).
3. I shall remit shortly a considerable amount in part payment (half of the amount and pay the balance in monthly instalments).
4. I am sorry I have to ask you to prolong your bill which is due on ...
5. Please have the bill of exchange presented again on the ...

37. SOLICITUD DE TIEMPO PARA PAGAR

Imposibilidad de pagar

1. Les ruego me disculpen por no haber contestado antes a su atenta carta del ... en que me pedían que saldase la cuenta en descubierto (en que me advertían que entablarían procedimientos judiciales por no haber saldado la cuenta).
2. Siento decir que me es completamente imposible acceder en seguida a su demanda (aceptar su letra de cambio/aceptar su libranza a mi cargo que vencerá el ...).
3. Como ha habido muy poco negocio últimamente,
   Como la remesa de ... está aún sin vender,
   Como hemos sufrido grandes pérdidas recientemente,

   | me encuentro temporalmente en una difícil situación económica.
   | nos es imposible hacer frente a nuestras obligaciones.
   | les rogamos que esperen algún tiempo más la liquidación.
4. Lamento mucho que tengan ustedes intención de entablar procedimientos judiciales contra nosotros (mí).

Promesa de pagar

1. Les aseguro que efectuaremos el pago en cuanto mejore mi (nuestra) situación económica.
2. Tengo grandes esperanzas de poder hacerles un pago parcial (darles garantía sobre la fecha de la liquidación final) dentro de pocos días (antes del fin de mes).
3. En breve les enviaré una suma considerable como pago parcial (la mitad de la cantidad debida, y abonaré el resto a plazos mensuales).
4. Siento tener que pedirles que prorroguen la libranza que vence el ...
5. Tengan la bondad de concertar una nueva presentación de la letra de cambio para el ...

37. REQUESTS FOR TIME TO PAY—*contd.*

Replies

1. I am sorry that you are in difficulties at present and I am prepared to wait a little longer for the payment due to me (to allow you a further ... weeks in which to settle the account.
2. We have great difficulties to meet our own obligations, and we hope you will do your best to settle your account with us. Perhaps you will find it possible, however, to send us now a remittance on account.
3. We have instructed our solicitors to recover the outstanding amount without delay. If you have any suggestions to make will you get in touch with ...

37. SOLICITUD DE TIEMPO PARA PAGAR—*cont.*

Contestaciones

1. Lamento que se encuentren en dificultades económicas en este momento y estoy dispuesto a esperar un poco más el pago de la cantidad debida (concederles ... semanas más para liquidar la cuenta).
2. Tenemos grandes dificultades en hacer frente a nuestras obligaciones, y esperamos que hagan lo posible por liquidar su cuenta con nosotros. Sin embargo, quizás les sea más fácil hacernos ahora un pago parcial.
3. Hemos dado instrucciones a nuestros abogados de que recuperen sin dilación la cantidad en descubierto. Si tienen ustedes alguna sugerencia que hacer, diríjanse a ...

V

Money and legal matters

Asuntos financieros y legales

38. ACCOUNTS
(See also "Settlement of Accounts" on page 104)

Opening of account

1. As we have done regular business with you for some time now on the basis of payment by letter of credit, we should like to inquire whether you would be willing to grant us an open credit of ...
2. We are quite willing to agree to your request and are opening a credit of ... in your favour (shall be pleased to do business with you on quarterly credit terms).

Entries

1. Please credit our account with the enclosed draft.
2. We have credited (debited) your account with ...
3. There remains a balance in our (your) favour of ...
4. Kindly inform us when our account has been credited (debited) with this amount.

Statements

1. We should like to know how our account stands.
2. We are sending you with this letter a statement of your account up to ... showing a balance in our (your) favour of ...
3. Our monthly (quarterly) statement is enclosed.
4. Thank you for your statement of our account up to ... showing a balance in our (your) favour of ... We have examined it and found it correct. It has been passed to our cashier for settlement (bank for remittance).

38. CUENTAS
(Véase también "Liquidación de Cuentas", página 105)

Abriendo una cuenta

1. Como ya hace algún tiempo que tenemos relaciones comerciales con ustedes, sobre la base de pago por carta de crédito, les agradeceríamos que nos dijesen si estarían dispuestos a concedernos un crédito abierto de …
2. Tenemos mucho gusto en acceder a su petición, y les abrimos crédito de … a su favor (tendremos mucho gusto en efectuar transacciones comerciales con ustedes a base de crédito trimestral).

Ingresos

1. Tengan la bondad de ingresar el adjunto giro a crédito de nuestra cuenta.
2. Hemos incluido … en el haber (el debe) de su cuenta.
3. Queda un saldo a nuestro (su) favor de …
4. Tengan la bondad de informarnos en qué fecha se incluyó esta cantidad en el haber (el debe) de nuestra cuenta.

Relaciones

1. Les agradeceremos que nos comuniquen el estado actual de nuestra cuenta.
2. Con esta carta les adjuntamos relación de su cuenta hasta el …, en que hallarán saldo a nuestro (su) favor de …
3. Les adjuntamos nuestra relación mensual (trimestral).
4. Hemos recibido la relación de nuestra cuenta hasta el …, en que hallamos un saldo a nuestro (su) favor de … La hemos examinado y vemos que está bien. Se la hemos entregado a nuestro cajero para su liquidación (a nuestro banco para que les envíe esta cantidad).

38. ACCOUNTS—*contd.*

Queries

---

1. With reference to your invoice (statement) of the ... we have to point out that
   (a) you have made an error in your total. We calculate the correct figure as ...
   (b) you have shown discount at only ...%, whereas in your letter of the ... you agreed to ...%.
   (c) you have apparently omitted to credit us with our remittance of the ... (the amount of your credit note of ...).
   (d) you debited us with ... against Invoice No. ..., but we have no record of such an invoice.
2. On ... you informed us that you are arranging settlement of our account. We have not yet received payment and should be glad if you would kindly look into the matter.

39. BANKING

Cheques

---

1. Please open a current account for us in the name of ... Together with our cheque for ... we enclose specimen signatures of Mr. ..., the Managing Director, and of Mr. ..., the Chief Accountant, either of whom may sign cheques on our behalf.
2. Please stop payment of our cheque No. ... drawn on ... for the amount of ... in favour of ...
3. A cheque drawn by you for the amount of ... has been returned to us by our bankers marked "words and figures differ". We are returning it herewith and should be glad to receive a corrected cheque.

38. CUENTAS—*cont.*

Reclamaciones

---

1. Con referencia a su factura (relación) del ... nos permitimos indicarles que
   (a) existe un error en el total, que según nuestros cálculos debiera ser ...
   (b) el descuento se ha calculado a base de un ...%, pero en su carta del ... nos decían ustedes que lo harían al ...%.
   (c) nuestra transferencia del ... (la cantidad de su nota de crédito del ...) por lo visto no la han incluido en nuestro haber.
   (d) han incluido en nuestro debe la factura núm. ..., por ..., pero no tenemos conocimiento de esta factura.
2. El ... nos informaron ustedes que se disponían a liquidar nuestra cuenta. Como todavía no hemos recibido esta liquidación, les agradeceremos que presten atención inmediata a este asunto.

39. ASUNTOS BANCARIOS

Cheques

---

1. Tengan la bondad de abrirnos cuenta corriente a nombre de ... Junto con un cheque por ... incluimos muestras de las firmas de don (el señor) ..., director de la compañía, y de don (el señor) ..., contable, cualquiera de los cuales podrá firmar cheques a nuestro cargo.
2. Tengan la bondad de no hacer efectivo nuestro cheque núm. ... por la suma de ..., firmado el ... a favor de ...
3. Nos ha devuelto nuestro banco un cheque firmado por ustedes con la indicación: "No coinciden las cantidades en número y en letra." Se lo adjuntamos con ésta, y les agradeceremos que nos envíen otro cheque correctamente extendido.

39. BANKING—*contd.*

4. The cheque drawn by you on ... for ... has been returned to us marked "effects not cleared". We assume that some misunderstanding has arisen and shall be glad to have your comments.

Transfer

1. We have pleasure in telling you that our bankers ... have been instructed to transfer to you ... in payment for ... (in settlement of your invoice).
2. Please transfer the equivalent in sterling (Swiss francs/Deutschmark) of ... to ... in favour of ..., debiting it to our account.
3. We have today received through bank remittance the amount of ..., the equivalent of ... in your currency.

Drafts

1. We shall be glad if you will kindly arrange for the collection of the enclosed sight draft for ... maturing on ...
2. Enclosed please find bills in duplicate for collection with documents attached.
3. We should be glad if you would draw on our account for ... on ... at ... days' sight.

Documents against cash

1. We are enclosing documents including the Bills of Lading, Invoice, Insurance Cover and Certificate of Origin to be surrendered to ... against payment of ...

39. ASUNTOS BANCARIOS—*cont.*

4. El cheque firmado por ustedes el ... por ... nos ha sido devuelto con la indicación: "Efectos sin liquidar." Suponemos que ha habido algún malentendido y les agradeceremos que nos informen sobre este asunto.

Transferencias

1. Tenemos mucho gusto en participarles que hemos pedido a nuestro banco ... que haga una transferencia a favor de ustedes por ... en pago de ... (en liquidación de su factura).
2. Tengan la bondad de hacer una transferencia del equivalente en libras esterlinas (francos suizos/marcos alemanes) de ... a ... a favor de ..., cargando el importe a nuestra cuenta.
3. Hemos recibido hoy por nuestro banco un giro por la cantidad de ..., equivalente a ... en su moneda.

Letras

1. Les agradeceremos que dispongan la recogida de la adjunta letra a la vista por ..., que vence el ...
2. Remitimos adjuntas por duplicado las libranzas para la recogida de la letra, y también incluimos los documentos necesarios.
3. Le agradeceremos que gire a nuestro cargo por ... el ... a ... días vista.

Pago al contado contra documentos

1. En los documentos adjuntos incluimos la cédula de carga, la factura, la nota del seguro y el certificado de origen, que se habrán de entregar a ... contra pago de ...

39. BANKING—*contd.*

2. We enclose accepted bill drawn on us by ... and should be glad to receive the documents.
3. In the case of payment being refused, please warehouse the goods, insure against all risks and cable us.

40. INVESTMENTS

Asking advice

1. I wish to invest ... in good securities which yield at least ...%. May I ask your advice?
2. I have done well out of... which I bought in ... on your advice. Should I sell?
3. I thought of putting some money into ... Is this a good idea?
4. I wish to invest in ... and have in mind shares of the ... Company. Would you be good enough to advise me and to quote some present prices and approximate yields.
5. As I am about to retire in ... I intend to replace my British investments by others quoted on the ... Exchange. I shall have ... available, of which I wish to invest ... in gilt-edged securities and the rest in speculative but not over-risky stocks.
6. My interest is mainly speculative, but I should be prepared to consider also any attractive investment.

Giving advice

1. This would be the best time to buy (sell) ... They seem to have reached their highest ceiling (rock bottom).

39. ASUNTOS BANCARIOS—*cont.*

2. Adjuntamos, debidamente aceptada, la letra girada a nuestro cargo por ... y les agredeceremos que nos envíen los documentos.
3. En caso de que no se acepte el pago, tengan la bondad de almacenar los géneros, asegurarlos contra todo riesgo y ponernos un telegrama.

40. INVERSIONES

Pidiendo consejos

1. Deseo invertir ... en buenos valores que produzcan por lo menos un ... %. ¿Podrían orientarme sobre este asunto?
2. ..., que compré por consejo suyo en ..., me han producido muy buenos beneficios. ¿Debía vender ahora?
3. He pensado invertir algún dinero en ... ¿Creen ustedes que es buena idea?
4. Deseo invertir en ... y he pensado en las acciones de la Compañía ... ¿Tendrían la amabilidad de orientarme y darme las cotizaciones del momento y beneficios aproximados?
5. Voy a jubilarme en ... y por tanto tengo intención de cambiar mis inversiones en Inglaterra por otras cotizadas en la Bolsa de ... Dispondré de ..., de los que quiero invertir ... en valores de toda confianza y el resto en acciones especulativas pero no demasiado arriesgadas.
6. Me interesan principalmente las acciones especulativas, pero también consideraría cualquier inversión atractiva.

Dando consejos

1. Este es el mejor momento para comprar (vender) ... pues parece que han alcanzado su máximo (mínimo) valor.

40. INVESTMENTS—*contd*.

2. A new issue of ... is about to be launched. You may take up ... shares. Their nominal value is likely to be ...
3. They have shown a steady increase during the past year and their dividends have never fallen below ...%.
4. I regard ... as rather risky at the present time (a very good investment).
5. As a speculation the issue seems to merit consideration.
6. I see every (no) reason to sell.
7. Unless you are prepared to hold your shares for a considerable time, I should advise you to sell them immediately.
8. As dealings are likely to be brisk we advise you to purchase at once.

Instructions

1. Please purchase at best possible rate the following currency (stocks/shares) and debit my account accordingly.
2. I am sending you herewith ... shares, which please sell at best advantage, but not under ...
3. I am sending you the certificates of renewal for the ...% State Loan and should be glad if you would procure the new coupon sheets.
4. Enclosed please find ... coupons, total value ..., with which please credit my account.

40. INVERSIONES—*cont.*

2. Dentro de poco se va a hacer una nueva emisión de ... y ustedes pueden adquirir ... acciones. Su valor nominal será probablemente ...
3. Durante el año pasado se mantuvieron en alza constante, y los dividendos no bajaron nunca de ...%.
4. Yo creo que ... suponen bastante riesgo en el momento actual (son una buena inversión).
5. Como especulación, la emisión parece que merece consideración.
6. Creo que es el momento de (No creo que haya motivo para) vender.
7. A menos que quieran ustedes conservar sus acciones durante un periodo considerable de tiempo, les aconsejo que las vendan en seguida.
8. Como las operaciones se realizarán probablemente bastante de prisa, les aconsejamos que se den prisa en comprar.

Instrucciones

1. Tengan la bondad de comprar en las mejores condiciones posibles las siguientes divisas (valores/acciones), cargando el importe a mi cuenta.
2. Le remito adjuntas ... acciones, que les ruego que vendan lo mejor que puedan, pero no a menos de ...
3. Les remito adjunto el certificado de renovación de las acciones de empréstito del estado al ...% y les agradeceré que obtengan los nuevos cupones.
4. Remito adjuntos ... cupones, por un valor total de ..., que les agradeceré que ingresen a mi cuenta.

41. LETTERS OF CREDIT

Opening of an irrevocable letter of credit

1. Please open an irrevocable credit of ... in favour of ... available to them until ... payable against documents in respect of a shipment of ...
2. Please pay against ... days' sight draft on you.
3. The documents required are Bills of Lading in duplicate, three copies of the Commercial Invoice, Insurance Policy, Certificate of Origin, Consular Invoice.
4. Please send us the documents immediately after receipt together with your account.
5. Please hand the documents against payment of our invoice in cash to Messrs. ...
6. We have instructed the ... Bank to open an irrevocable credit for ... in your favour, valid until ... The Bank will accept your draft on them at ... days for the amount of your invoice. Please attach the following documents to your draft:
7. We have received instructions from ... to open an irrevocable letter of credit in your favour which will be valid until ... You are authorized to draw a ... days' bill on us for the amount of your invoice after shipment has been effected. We shall require you to produce the documents listed below before we accept your draft, which should include all charges.

Ordinary letter of credit

1. I intend (Our Mr. ... intends) to visit ... in the near future. Please prepare a letter of credit on ... for ... in my (his) favour.

41. CARTAS DE CRÉDITO

Para abrir una carta de crédito irrevocable

1. Tengan la bondad de abrir un crédito irrevocable de ... a favor de ... que permanezca a su disposición hasta ... y que sea pagadero contra los documentos en relación con el envío de ...
2. Sírvanse abonar contra ... días vista giro a su cargo.
3. Los documentos que hacen falta son la cédula de carga pro duplicado, tres copias de la factura comercial, la póliza de seguros, el certificado de origen y la factura consular.
4. Sírvanse enviarnos los documentos en cuanto los reciban junto con su cuenta.
5. Sírvanse entregar los documentos, contra pago al contado de la factura, a la Compañía ...
6. Hemos pedido al Banco de ... que abra un crédito irrevocable a su favor que será válido hasta ... El Banco aceptará su libranza a su cargo a los ... días por el importe de la factura. Tengan la bondad de adjuntar los siguientes documentos a su libranza:
7. Hemos recibido de ... instrucciones de abrirles a ustedes carta de crédito irrevocable a su favor, que será válido hasta ... Quedan ustedes autorizados a librar a nuestro cargo a los ... días por el importe de la factura después de efectuar el envío. Será necesaria la presentación de los documentos que indicamos más abajo para que podamos aceptar su libranza, que debe incluir todos los cargos.

Carta de crédito de tipo corriente

1. Tengo intención de (Nuestro representante don/el señor ... tiene intención de) visitar ... dentro de poco. Tengan la bondad de extender una carta de crédito a mi (su) favor por ... el ...

41. LETTERS OF CREDIT—*contd.*

2. This letter will be handed to you by ... and I should be grateful if you would give him every possible assistance. You may let him have for our account any sum up to ... for which please debit us, deducting your charges.
3. We annex a specimen of his signature to this letter.
4. Kindly note your payments at the back of this letter.

Circular letter of credit

1. We have issued a circular letter of credit to ... for the amount of ... Amongst others we have included your name and should be grateful if you would let him have any amount requested within the above limit, bearing in mind any amounts collected until then.
2. Please issue receipt in duplicate, deducting your expenses.

42. AGREEMENTS

Covering letter

We have set out our arrangements in a formal agreement which we are enclosing, signed, with this letter.

If the terms of the agreement meet with your approval we should be glad if you would return one copy duly signed to us.

Agency agreement

We, the undersigned, ..., have appointed Mr. ... of ... as our representative for ... under the following conditions:

41. CARTAS DE CRÉDITO—*cont.*

2. ... les entregará esta carta, y les ruego que le den toda clase de facilidades. Les autorizamos a que le entreguen hasta ... que pueden cargar a nuestra cuenta después de deducir sus costes.
3. Incluimos muestra de su firma.
4. Tengan la bondad de anotar los pagos al respaldo de esta carta.

Carta circular de crédito

1. Hemos mandado una carta circular de crédito a ... por la suma de ... Entre otros, hemos incluido su nombre y les agradeceremos que le entreguen cualquier cantidad dentro de los límites mencionados, teniendo en cuenta las cantidades que ya haya retirado anteriormente.
2. Tengan la bondad de extender el recibo por duplicado, descontando sus gastos.

42. CONVENIOS

Carta adjunta

Hemos expuesto nuestros acuerdos en el convenio formal que adjuntamos, debidamente firmado, con esta carta.

Les agradeceremos que, si las condiciones del acuerdo les parecen bien, nos devuelvan una de las copias debidamente firmada.

Convenio sobre agentes

Los que suscriben, ..., han nombrado a don (al señor) ..., domiciliado en ..., representante de ... en las condiciones siguientes:

42. AGREEMENTS—*contd.*

1. Mr. ... undertakes to obtain orders in our name and for our account at the prices and conditions quoted by us.
2. We undertake to allow Mr. ... a commission of ...% on all orders transmitted by him and to reimburse him for all expenses incurred.
3. Mr. ... agrees not to represent any competing firm during the period for which this agreement remains valid.
4. This agreement becomes valid on the date of signature and may be terminated by either party subject to ... months' notice.

Collection of royalties

An agreement made the ... day of ... between ... of ... (hereinafter called "the Author" and the COPYRIGHT PROTECTION SOCIETY of ... (hereinafter called "the Society"):
1. The Author hereby appoints the Society as his/her Sole Agent for the collection of all fees, royalties or other sums of money that may now be payable or at any time hereafter may become payable to the Author in respect of the copyright of his/her works.
2. The Society hereby undertakes to give the Author the benefit of its organization for the collection of such amounts and will use its best and utmost endeavours to collect them.
3. In consideration of the services to be rendered by the Society to the Author, the Author hereby agrees for the Society to retain as a commission a sum equivalent to ...% of all sums of money collected by the Society on his/her behalf.

42. CONVENIOS—*cont.*

1. Don (El señor) ... se compromete a obtener pedidos en nuestro nombre y por nuestra cuenta, a los precios establecidos por los que suscriben.
2. Los que suscriben se comprometen a conceder a don (al señor) ... una comisión del ...% por todos los pedidos efectuados a través de él, y a reembolsarle todos los gastos en que incurra.
3. Don (El señor) ... se compromete a no representar, durante el tiempo que permanezca válido este convenio, a ninguna casa que nos haga la competencia.
4. Este acuerdo es válido a partir de la fecha en que está firmado y ambos signatarios pueden concluir su validez avisando con ... meses de antelación.

Recaudación de derechos de autor

Acuerdo establecido el día ... de ... de ... [year] por ... domiciliado en ... (llamado de aquí en adelante "el autor") y la SOCIEDAD DE PROTECCIÓN DE DERECHOS DE AUTORES, sita en ... (llamada de aquí en adelante "la Sociedad").
1. El autor nombra a la Sociedad su agente exclusivo para la recaudación de toda cantidad debida a él (ella), los derechos de autor u otras sumas que sean pagaderas a él (ella) ahora, o lo sean de aquí en adelante por sus obras.
2. La Sociedad se compromete a poner a disposición del autor su organización para la recaudación de estas cantidades, y a esforzarse en todo lo posible por recaudarlas en su nombre.
3. Por los servicios prestados por la Sociedad al autor, éste accede a que la Sociedad retenga en concepto de comisión una suma equivalente al ...% de todas las cantidades recaudadas en su nombre.

42. AGREEMENTS—*contd.*

4. The Society hereby undertakes to render to the Author accounts of fees collected on his behalf in April and in October every year. Such accounts shall contain all necessary information and details showing the gross amount received by the Society during the period under account. Such accounts shall be sent to the Author with a remittance for a sum equivalent to the total amount shown by such account to have been received by the Society less the above-mentioned commission.

43. LEGAL PROCEEDINGS

Instructions to the plaintiff's solicitors

1. We are indebted for your address to the ... Consul in ... and should like to request you to enter an action against ... concerning the recovery of a claim for ...
2. You will learn the precise facts from the enclosed documents.
3. In support of our claim we wish to draw your attention to the following points:
4. If you require further particulars we shall be pleased to supply them.
5. We enclose power of attorney which has been endorsed.

Instructions to the defendant's solicitors

1. We should be glad if you would act for us in the case brought against us by ...

42. CONVENIOS—*cont.*

4. La Sociedad se compromete a dar cuenta al autor, en abril y en octubre de cada año, de las cantidades recaudadas en su nombre. Estas cuentas incluirán toda la información necesaria y mostrarán el total recibido por la Sociedad durante el periodo a que se refieran; serán enviadas al autor junto con la suma equivalente al total que conste en las cuentas según haya recibido por la Sociedad, menos la comisión mencionada más arriba.

43. PROCESOS JUDICIALES

Instrucciones al representante legal del demandante

1. El Cónsul de ... en ... ha tenido la amabilidad de darnos su nombre y dirección. Le agradeceríamos que instruyese en nuestro nombre un proceso contra ..., a fin de tratar de recuperar la deuda de ...
2. Los documentos que adjuntamos le proporcionarán la información exacta sobre todo lo referente al caso.
3. En apoyo de nuestra reclamación solicitamos su atención en particular sobre los siguientes puntos:
4. Tendremos mucho gusto en proporcionarles, si le hace falta, todos los informes que le hagan falta.
5. Adjuntamos con esta carta los poderes y autorización debidamente legalizados.

Instrucciones al representante legal del demandado

1. Les agradeceríamos que tuviesen la amabilidad de representar nuestros intereses en el litigio intruído contra nosotros por ...

43. LEGAL PROCEEDINGS—*contd.*

2. We enclose the documents referring to this case together with a statement of our views on this matter.
3. As you will see from these documents, all our conduct has been in accordance with legal requirements.
4. We shall be glad, therefore, if you will make application to the Court to decline the request of the plaintiff.

Request for payment

A claim against you has been placed in my hands for collection by Messrs. ... If you propose to settle it, I shall be pleased to receive the amount due by ... Otherwise I should be grateful if you would kindly refer me to your solicitors on this matter.

Solicitor's advice of judgement

1. Your action against Messrs. ... was heard on the ... and I am glad (sorry) to say that the judgement is (not) favourable to you.
2. The principal points in support of the judgement were as follows:
3. Should you wish to appeal you must notify us by return as the term of appeal expires on ...
4. In my opinion there is considerable (little) hope of obtaining a reversal of the court's decision.

43. PROCESOS JUDICIALES—*cont.*

2. Les adjuntamos con esta carta los documentos relativos al asunto, así como la exposición de nuestro punto de vista en cuanto al mismo.
3. Verán ustedes en estos documentos que siempre hemos actuado correctamente y en conformidad con la ley.
4. Por lo tanto, por la presente les rogamos que soliciten del tribunal en nuestro nombre el sobreseimiento de la petición del demandante.

Petición de avenencia

Los señores (La Compañía) ... me han encargado que recupere la deuda que ustedes tienen con ellos. Si desean ustedes saldarla, confío en que me remitirán el dinero antes del ... De no hacerlo así, tengan la bondad de pedir a sus abogados que se pogan en contacto conmigo sobre este asunto.

Notificación del juicio

1. El litigio entre los Sres. (la Compañía) ... y ustedes se verificó el ... Me alegro de poder (Lamento tener que) decirles que el juicio fue favorable (desfavorable) a ustedes.
2. Las principales consideraciones que pesaron en la decisión del tribunal fueron las siguientes:
3. En caso de que deseen presentar apelación, deberán notificárnoslo a vuelta de correos, pues el plazo de presentación de la misma expira el ...
4. En mi opinión, es muy posible (poco probable) que el tribunal (el juez) rescinda el juicio.

VI

Packing, transport and insurance

Embalaje, transporte y seguros

44. PACKING

Description

1. We supply the ... in wooden cases (cartons/boxes/crates/sacks/ containers).
2. The ... are supplied in strong drums (tins/barrels/casks/ carboys).
3. All cases (boxes/bags) have an inner lining of stout waterproof material.
4. The ... will be packed in strong (lightweight) crates of ... length and ... girth.
5. The ... will be packed in bundles, wrapped in sacking (waterproof material) and secured by metal bands.
6. The lids will be sealed with adhesive tape.

Instructions

1. Containers | are not to exceed the following measurements:
   must have an inner waterproof lining.
   must be nailed and secured by metal bands.
   must be clearly marked ... and numbered consecutively.
   must be marked both "FRAGILE" and "THIS SIDE UP".
2. Please make our order up into bales of ... each covered with waterproof fabric.
3. Please limit the weight of any one carton (container) to ... and mark "AIR FREIGHT".
4. Please wrap each article separately in soft material.
5. Handles should be fixed to the cases to facilitate carrying.
6. All polished parts are to be wrapped and padded.

44. EMBALAJES

Descripción

1. Surtimos ... en cajas de madera (cajas de cartón/cajas/embalaje de tablas/sacos/envases).
2. ... se envían en fuertes cilindros (recipientes de latón/barriles/toneles/garrafones).
3. Todas las cajas de madera (cajas/sacos) tienen un forro interior de fuerte material impermeable.
4. ... se embalarán en fuertes (ligeros) embalajes de tablas de ... de longitud y ... de circunferencia.
5. ... se embalarán en fardos envueltos en material de saco (impermeable) y asegurados con bandas metálicas.
6. Las tapaderas irán herméticamente cerradas con cinta adhesiva.

Instrucciones

1. El envase | no debe exceder las siguientes dimensiones:
debe tener un forro interior impermeable.
debe ir asegurado con clavos y bandas metálicas.
debe ir claramente marcado ... y numerado consecutivamente.
debe llevar inscripciones de "FRÁGIL" y "MANTENGAN DE PIE".
2. Tengan la bondad de disponer nuestro pedido en balas de ... cada una, cubiertas con material impermeable.
3. Tengan la bondad de limitar el peso de cada caja de cartón (envase) a ... y de poner la inscripción "FLETE AÉREO".
4. Tengan la bondad de envolver cada artículo por separado en material suave.
5. A fin de facilitar el transporte, las cajas deben llevar asas.
6. Todas las partes pulidas deben ir envueltas y acolchadas.

44. PACKING—*contd.*

Charges

1. The cases are (not) returnable.
2. If not returned to us by ... the cases are charged to you at ... each.
3. The enclosed invoice shows a charge of ... each for cases (barrels). This amount will be credited to you if you return the empty ... to us.
4. Please return the empty ..., carriage forward, to our depot.
5. Please debit us with cartage between the airport and the firm's depot.

45. TRANSPORT

Inquiries

1. Please let us know the current freight rates for air (sea/rail/road) transport.
2. We have an order for the dispatch of ... from ... to ... and should be glad to know your lowest rate.
3. As the goods are very bulky and are not immediately required they can be sent by inland waterways.
4. As the goods are neither heavy nor bulky, they can be sent by air.
5. Please let us know the difference in rates between transport by goods train and passenger train.

44. EMBALAJES—*cont.*

Cargos

1. (No) es necesario devolver las cajas.
2. Si no se nos devuelven antes del ... tendrán ustedes que pagar las cajas a ... cada una.
3. Según verán ustedes por la factura que adjuntamos, les cobramos ... por cada caja (barril), pero si nos devuelven las ... vacías esa cantidad quedará a su disposición.
4. Tengan la bondad de devolver los ... vacíos, a porte sin pagar, a nuestro almacén.
5. El transporte desde el aeropuerto al almacén de la casa corre a nuestro cargo.

45. TRANSPORTE

Pidiendo información

1. Tengan la bondad de informarnos de los precios actuales del transporte por avión (por mar/por ferrocarril/por carretera).
2. Tenemos que transportar un pedido de ... desde ... a ... y les agradeceríamos que nos dijesen cuál es el precio más reducido del transporte.
3. Como las mercancías son muy voluminosas y no hacen falta en seguida, se pueden enviar por canales interiores.
4. Como las mercancías no son ni pesadas ni voluminosas, se pueden enviar por avión.
5. Tengan la bondad de decirnos qué diferencia de coste hay entre el transporte en tren de mercancías y tren de pasajeros.

45. TRANSPORT—*contd.*

6. We should be glad if you would quote a rate for ... cases measuring ... by ..., to be shipped to ... by S/S "..." leaving for ... on the ...

7. Will you please let us know whether there is in your harbour a vessel loading for ... that could take on a cargo of ... which has to be at ... by the ...

Replies to inquiries

1. We can ship your consignment by S/S "..." closing for cargo on ... at the following rate:

2. There is at present a tramp-steamer (regular vessel of the "..." Line) loading for ... in which we have provisionally reserved space. Please wire your instructions.

3. Freight rates are very high at present as few ships are available. The net freight amounts to ...

4. We can include your consignment of ... in our next flight (shipment)´ to ... The departure will be on ...

5. The difference in freight rates between goods train and passenger train is so great that we should like to suggest road transport.

Instructions

1. Please deliver the goods to our forwarding agent's warehouse (the cargo depot at ... Airport).

2. Please receive and ship on board the S/S "..." sailing for ... the following goods:

3. The goods are to be shipped by the first available vessel to .... We shall deliver f.o.b. All other charges to be paid by the consignee.

45. TRANSPORTE—*cont.*

---

6. Les agradeceremos que nos digan cuál sería el coste del transporte de ... cajas que miden ... por ... en el buque "..." que sale para ... el ...
7. Sírvanse comunicarnos si hay en su puerto algún barco que esté cargando para ... y que pudiese admitir un cargamento de ... que tiene que llegar a ... antes del ...

Dando información

---

1. Podemos embarcar su consignación en el barco "...", que admite cargamento hasta el ... a los siguientes precios:
2. Hay ahora aquí un vapor volandero (un barco de la línea "..." que hace servicio regular, que está cargando para ..., en que hemos hecho una reserva provisional. Tengan la bondad de comunicarnos sus instrucciones por cable.
3. Los precios del transporte están ahora muy altos, pues hay pocos barcos. El precio neto del flete asciende a ...
4. Podemos incluir su consignación de ... en nuestro próximo vuelo (embarque) con destino a ... La salida es el ...
5. La diferencia del precio del transporte de tren de mercancías y de pasajeros es tan grande, que les sugerimos que hagan uso del transporte por carretera.

Instrucciones

---

1. Tengan la bondad de entregar las mercancías en el almacén de nuestro agente de transporte cargamentos del aeropuerto de ...).
2. Tengan la bondad de recibir las siguientes mercancías, para embarcar a bordo del barco "...", que sale para ...:
3. Envíen las mercancías en el primer barco que salga con destino a ... Las entregaremos l.a.b. El consignatario correrá con todos los demás gastos.

45. TRANSPORT—*contd.*

---

4. We enclose Bill of Lading, Consignment Note with three copies of Commercial Invoices, Certificate of Origin, Import Licence.
5. We have consigned to ..., to your order, by rail (road), the following goods:

46. FORWARDING AGENT

Request for instruction

---

1. We have received from ... the following goods and have been instructed to hold them at your disposal:
2. We have been advised by ... of the dispatch of the goods mentioned below, which are expected to arrive in ... on ...:
3. The consignment of which you advised us on ... has arrived. We are awaiting your further instructions.
4. As we had not received any instructions from you we had to warehouse the goods, otherwise the railways would have returned the consignment.
5. Please let us have your forwarding instructions for this consignment.

Instructions

---

1. We should be glad if you could collect ... cases of ... and deliver to ...
2. We have today sent by rail to your address the goods specified below, which please warehouse until further notice (forward by next available steamer to ...):
3. Please insure the goods and charge us with the cost of insurance.

45. TRANSPORTE—*cont.*

4. Enviamos adjuntos la cédula de carga, la nota de consignación con tres copias de las facturas comerciales, el certificado de origen y la licencia de importación.
5. Hemos consignado por ferrocarril (carretera) con destino a ..., según su orden, las siguientes mercancías:

46. AGENTES DE TRANSPORTE

Petición de instrucciones

1. Hemos recibido de ... las siguientes mercancías, y se nos han dado instrucciones de que las pongamos a su disposición:
2. ... nos ha informado del despacho de las mercancías descritas más abajo, que esperamos que lleguen a ... el ...:
3. Ha llegado la consignación que nos anunciaban el ... Quedamos a la espera de sus instrucciones.
4. Como no hemos recibido sus instrucciones, hemos tenido que almacenar las mercancías, pues de otro modo la compañía ferroviaria habría devuelto la consignación.
5. Tengan la bondad de darnos sus instrucciones sobre la reexpedición de esta consignación.

Instrucciones

1. Les agradeceremos que se hagan cargo de ... cajas de ... y que las entreguen a ...
2. Les hemos enviado hoy las mercancías indicadas más abajo, y les rogamos que las almacenen hasta que tengan noticias nuestras en otro sentido (que las reexpidan en el primer barco que salga con destino a ...):
3. Tengan la bondad de asegurar las mercancías, cargando a nuestra cuenta el coste del seguro.

46. FORWARDING AGENT—*contd.*

4. The cost of insurance as well as the freight are to be charged to the consignee.
5. Please advise us as soon as the goods arrive and keep them in your warehouse until further notice.
6. Will you please pay the forwarding (warehouse) charges and charge them to our account.
7. As some of the goods are urgently required, please forward three cases by air and the remainder by goods train.
8. Please stop delivery and await our further instructions (return to us in the cheapest way possible).
9. Please lodge a claim for damages with the proper authorities (the Insurance Company).

Instructions carried out

1. In accordance with your instructions we have shipped the goods by M/V "..." to ... (delivered the cases to ...).
2. We enclose statement of expenses for the goods forwarded (warehoused) on your behalf and we should be glad to have your cheque in settlement.

47. MOVEMENT OF GOODS

Advice to consignee

1. We have consigned today to your address the following goods by S/S "..." scheduled to arrive at ... on ...:
2. The insurance will be effected by the shipping agents.

46. AGENTES DE TRANSPORTE—*cont.*

4. El consignatario corre con los gastos del seguro y del flete.
5. Tengan la bondad de avisarnos en cuanto lleguen las mercancías, y ténganlas en sus almacenes hasta que vuelvan a tener noticias nuestras.
6. Les rogamos que paguen los gastos de transporte (almacenaje) y los carguen a nuestra cuenta.
7. Algunas de las mercancías las necesitamos urgentemente, así es que tengan la bondad de reexpedirnos tres cajas por avión y el resto en tren de mercancías.
8. Les rogamos que no hagan entrega de las mercancías y esperen nuestras noticias (nos las devuelvan por la ruta más económica).
9. Les rogamos que presenten una reclamación por daños y perjuicios a las autoridades competentes (a la compañía de seguros).

Instrucciones cumplidas

1. De acuerdo con sus instrucciones hemos embarcado las mercancías a bordo del "..." que se dirige a ... (hemos entregado las mercancías a ...).
2. Incluimos la relación de gastos por las mercancías reexpedidas (almacenadas) por su cuenta, y les agradeceremos que nos envíen el cheque de liquidación.

47. MOVIMIENTO DE MERCANCÍAS

Aviso al consignatario

1. Hoy hemos consignado a su dirección las siguientes mercancías en el buque "...", que debe llegar a ...el ...:
2. El agente de embarcación se encargará de sacar el seguro.

47. MOVEMENT OF GOODS—*contd.*

---

3. The cases (containers) have been marked and numbered as follows:
4. Particulars of weights and measurements have been given on the enclosed sheet.
5. The shipping documents have been handed to the ... Bank with sight draft for ...
6. As soon as the Bills of Lading have arrived from the shipowners, they will be airmailed to you on consecutive airmail days together with the Commercial Invoices and Insurance Certificates.

Non-arrival of goods

---

1. We have not yet received the consignment of ..., of the dispatch of which you notified us on ... Will you please look into this immediately.
2. A consignment of ... addressed to ... on ... has not yet been received. The goods were handed in at ... Station (Cargo Depot) on ... and the number of the receipt is ...
3. Three boxes were missing from the consignment delivered to us today. The airline (the shipping company/the railway authorities/the haulage contractors) promised to inquire into the matter at once.
4. On the ... we handed in at ... Post Office ... parcels addressed to ... They have so far not reached their destination and we shall therefore be glad if you will make the necessary inquiries. We enclose the Certificate of Posting.

Goods damaged in transit

We are sorry to tell you that ... cases forming part of a consignment of ... from ... to ... and covered by your Receipt No. ...

47. MOVIMIENTO DE MERCANCÍAS—*cont.*

3. Las cajas (Los envases) van marcadas(-os) y numeradas(-os) de esta foma:
4. En la hoja adjunta hallarán los detalles de peso y medidas.
5. Los documentos de embarque se han entregado al Banco de … con letra a la vista por …
6. En cuanto lleguen las cédulas de carga que nos enviará la compañía naviera, se los reexpediremos a ustedes por correo aéreo en correos consecutivos junto con las facturas comerciales y los certificados de seguros.

Cuando no llegan las mercancías

1. No hemos recibido aún la consignación de …, cuyo envío nos notificaron ustedes el … Les rogamos que investiguen este asunto en seguida.
2. La consignación de …, dirigida a … el …, no ha llegado todavía; las mercancías ingresaron en la estación (almacén de cargamentos) de … el … y el número del recibo es …
3. En la consignación que se nos ha entregado hoy faltaban tres cajas. La compañía aérea (la compañía naviera/la compañía ferroviaria/la compañía de transportes) ha prometido investigar el asunto inmediatamente.
4. El … ingresamos en la oficina de correos de … … paquetes dirigidos a … Todavía no han llegado a su destino, y por tanto les rogamos que hagan las indagaciones oportunas. Incluimos el resguardo.

Mercancías que sufren deterioro durante el transporte

Lamentamos tener que decirles que … cajas, que formaban parte de la consignación de …, expedida desde … a … y cuyo número de

47. MOVEMENT OF GOODS—*contd.*

were found on arrival to be damaged. As the consignment was sent at Company's risk we should be glad to have your remittance for ..., representing the value of the cases as shown by the enclosed invoice.

Customs

1. We had to pay a customs fine of ... as we had no Certificate of Origin (only the weight of the cases, and not their measurements, was mentioned in the invoice).
2. Please arrange for the goods to be put into a bonded warehouse so that we may pass them through the customs as required.

48. CHARTERING A VESSEL

Inquiry

1. We should be glad to know how much the charter of a steamer with ... tons displacement would cost for the transport of ... from ... to ...
2. If the rate is favourable will you wire us at once.
3. Will you please submit a list of available vessels.
4. We should be glad if you can charter for us a vessel of about ... tons to convey a cargo of ... from ... to ...

47. MOVIMIENTO DE MERCANCÍAS—*cont.*

recibo es ..., han llegado deterioradas. Como la consignación se hizo a riesgo de la compañía, les rogamos que nos remitan ..., que es el valor de las mercancías según se ve en la factura que incluimos con ésta.

Aduanas

1. Hemos tenido que pagar una multa aduanera de ... pues no teníamos certificado de origen (porque en la factura se especificaba solamente el peso de las cajas, pero no sus medidas).
2. Tengan la bondad de disponer lo necesario para que ingresen las mercancías en un depósito comercial, para que puedan pasar las aduanas de la forma debida.

48. FLETAMENTO DE BARCOS

Carta preliminar

1. Les rogamos que nos digan cuál sería el coste de fletar un barco de ... toneladas de desplazamiento para el transporte de ... desde ... a ...
2. Si el precio es favorable, tengan la bondad de telegrafiarnos en seguida.
3. Tengan la bondad de enviarnos la lista de los barcos disponibles.
4. Les rogamos que fleten por nuestra cuenta un barco de unas ... toneladas para el transporte de un cargamento de ... desde ... a ...

48. CHARTERING A VESSEL—*contd.*

Offer

1. We can charter for you S/S "Hermes" which at present is unloading a cargo of ... at ...
2. The shipping of ... from ... to ... will be charged at ... per ton with ... running days both for loading and discharging.
3. Demurrage will be at the rate of ... per day.
4. Should this offer meet with your approval, please let me have three copies of the charter party so that I can give the captain the necessary instructions.
5. We are sending a list of several available vessels. On hearing which of them you are considering we shall go on board and make a thorough examination.

Instructions

1. Please charter S/S " ... " on the conditions laid down in your letter of ...
2. We are sending you a letter with the necessary instructions for the captain.
3. Mr. ... has told us that he has chartered your vessel on our behalf to convey a cargo of ... from ... to ... We shall start loading her on ... and as soon as she has taken her cargo on board you will proceed to ... where you will apply to ... concerning discharge.

Return journey

1. We have put in at ... to take on a cargo of ...
2. As we could not obtain a cargo for the return journey we have taken on ... in ballast.

48. FLETAMENTO DE BARCOS—*cont.*

Ofertas

1. Podemos fletarles el barco "Hermes", que actualmente se encuentra descargando un cargamento de ... en ...
2. El transporte por mar de ... desde ... a ... se cobra a ... la tonelada, y tarda la operación completa ... días, incluyendo la carga y descarga.
3. La estadía se cobra a ... por día.
4. Si les interesa esta oferta, tengan la bondad de enviarme tres copias de la carta de fletamento, para que pueda dar al capitán las instrucciones oportunas.
5. Les enviamos la lista de los barcos disponibles. Cuando sepamos cuá. de ellos les interesa, visiteramos el barco para hacer un examen completo.

Instrucciones

1. Tengan la bondad de fletar el barco "..." según las condiciones expuestas en su carta del ...
2. Les enviamos una carta para el capitán con las instrucciones oportunas.
3. Don (El señor) ... nos ha comunicado que ha fletado su barco en nuestro nombre, para transportar un cargamento de ... desde ... a ... Comenzaremos a cargar el ... y en cuanto se encuentre a bordo todo el cargamento tenga la bondad de dirigirse a ..., donde debe ponerse en contacto con ... para disponer todo lo necessario para la descarga.

Viaje de vuelta

1. Acabamos de entrar en el puerto de ..., para tomar un cargamento de ...
2. Como no hemos podido conseguir cargamento para el viaje de vuelta, hemos tomado ... como lastre.

49. INSURANCE

Inquiry

1. Will you please quote us a rate for the insurance against all risks of a shipment of ... from ... to ... by S/S "..." of the ... Line. The invoice value is ...
2. Please inquire for the terms at which we can insure there a shipment of ... from ... to ... The goods are at present in the warehouse of the forwarding agents.
3. We are making regular shipments of ... to ... and should be glad to hear whether you would be prepared to issue an open policy.

Quotation

1. We are prepared to insure the consignment in question at the rate of ...
2. We have obtained quotations from various companies and are able to obtain the required insurance at ...%.
3. Owing to the risk of ... we cannot accept the insurance at the ordinary rate.
4. It would be to your advantage to have average (particular average) cover.

Instructions

1. Please effect the following insurance against all risks for ...:
2. Please insure the consignment with a good company at the lowest possible charge.
3. The insurance is to include all risks of transshipment.

49. SEGUROS

Pidiendo información

1. Les rogamos que nos digan lo que costaría asegurar contra todo riesgo un cargamento de ..., transportado desde ... a ... en el barco "..." de la línea ... El valor de la factura es ...
2. Tengan la bondad de averiguar bajo qué condiciones podemos asegurar en ésa un cargamento de ... que irá de ... a ... Las mercancías se encuentran actualmente en los almacenes de los agentes de transporte.
3. Estamos haciendo, a intervalos regulares, envíos de ... con destino a ... por vía marítima, y nos interesaría saber si estarían ustedes dispuestos a extender una póliza abierta por los mismos.

Cálculo de precios

1. Estamos dispuestos a asegurarles la consignación en cuestión a razón de ...
2. Hemos recibido cálculos de precios de varias compañías, y podemos obtener el seguro que ustedes necesitan al ...%.
3. A causa del riesgo de ..., no nos es posible aceptar el seguro al tipo corriente.
4. Les sugiero que saquen una póliza de avería gruesa (particular).

Instrucciones

1. Sírvanse efectuar los siguientes seguros contra todo riesgo para ...:
2. Sírvanse asegurar la consignación con una compañía de confianza al tipo de interés más bajo posible.
3. El seguro debe incluir todos los riesgos de trasbordo.

49. INSURANCE—*contd.*

4. We shall be glad if you will effect the insurance for the invoice value plus ...%.
5. The premium is to be charged to the consignees.

Claims

1. On ... S/S "..." arrived here with a consignment of ... on board, the insurance of which was covered by your company. On inspection of the cases we found that ... were damaged by sea water. We estimate the damage caused at ... and enclose copies of the report of the survey carried out as soon as the damage was noted.
2. We have lodged a claim for damages with the insurance company. They are of the opinion that the damage was caused through careless packing.
3. The insurance company has come to an agreement with the shipping company according to which each will pay half the damage caused.

49. SEGUROS—*cont.*

4. Les rogamos que efectúen el seguro por el valor de la factura más ...%.
5. La prima corre por cuenta de los consignatarios.

Reclamaciones

1. El ... ha llegado a ésta el barco "..." con una consignación de ... a bordo, que estaba asegurada por ustedes. Al inspeccionar las cajas hemos visto que había ... deterioradas por el agua del mar. Estimamos el daño causado en ... y adjuntamos copias del informe de la inspección realizada en cuanto notamos el daño.
2. Hemos presentado una reclamación por daños a la compañía de seguros, que es de la opinión que el daño fue causado por ir mal embaladas las mercancías.
3. La compañía de seguros ha llegado a un acuerdo con la naviera, según el cual cada una pagará la mitad del daño causado.

VII

Business relations

Relaciones comerciales

50. TRAVEL

Inquiries

1. I want to fly to ... on ... 1st (tourist) class. If no flights are available on that day please let me know the first available dates.
2. I should like to book a cabin (tourist) class passage to ... on the ... sailing on ... If this accommodation is not available please let me know what alternatives you can offer.
3. I should like to reserve a passage on ... for myself and my car on the Dover–Ostend car-ferry. My car is a ... and weighs ... Its dimensions are ...

Reservation

1. Please reserve two seats, first (second) class, in a smoking (non-smoking) compartment on the 10.35 a.m. train from ... to ... on Friday, August 21st. I enclose a cheque for ... to cover tickets and reservation fee.
2. Please reserve a seat with XYZ Airways on the plane leaving London Airport for Munich on Wednesday the 23rd of January at 2.15 p.m. and return on Friday the 1st of February by any available flight, preferably in the early afternoon.
3. We have tried to make reservations with XYZ Airways for the 23rd of January and return on the 1st of February. Although the return reservation has been made, there is great difficulty in obtaining a reservation to Munich on the 23rd of January because of the winter sports season. We have therefore made a preliminary reservation on PQR Airways Flight 123, the only available flight on that day leaving London Airport at

50. VIAJES

Carta preliminar

1. Deseo trasladarme en avión a ... el día ... en primera clase (clase turista). Si no hay vuelos ese día, tengan la bondad de decirme cuándo los hay.
2. Deseo reservar un pasaje, con camarote (clase turista), para ... en el barco ... que sale el ... Si esto no es posible, tengan la bondad de decirme qué es lo que pueden ofrecerme.
3. Quisiera reservar un pasaje para el día ... para mí y mi coche en la barca de pasaje de Dover a Ostende. Mi coche es un ... y pesa ... Sus dimensiones son ...

Reservas

1. Sírvanse reservarme dos asientos de primera (segunda) clase en un compartimento de (no) fumadores para el tren de las 10.35 de la mañana del viernes, día 21 de agosto, de ... a ... Envío adjunto un cheque por ... en pago de los billetes y reservas.
2. Sírvanse reservarme un asiento en el avión de la compañía XYZ que saldrá del aeropuerto de Londres para Munich el miércoles, día 23 de enero, a las 2.15 de la tarde; desearía regresar el viernes, día 1 de febrero en cualquier vuelo, preferiblemente a primera hora de la tarde.
3. Hemos tratado de obtener reservas para el día 23 de enero (y viaje de vuelta el 1 de febrero) en aviones de la compañía XYZ. Hemos hecho la reserva del viaje de vuelta pero es muy difícil conseguir reservas para Munich para el 23 de enero, a causa de que es el comienzo de la temporada de

50. TRAVEL—*contd.*

17.15 hours, arriving at Munich at 20.30 hours. The additional time is due to the fact that the route via Frankfurt and Nuremberg is longer.

Motoring

---

1. I shall be travelling to ... next month. Would you advise me to take my own car or is it preferable to hire one there? My own car is a ... and I wonder whether it would be possible to obtain spare parts for it if necessary.
2. Does a ... insurance policy cover accidents in ...?
3. Please let me know what the garage and petrol costs are in ...
4. What price would I have to pay for a good second-hand car and how much would I be likely to get after ... months' use?
5. I am planning an extensive business tour in ... and would be interested in hiring a self-drive car, preferably a ... Please let me have details of the type of car available and of your charges.

51. ACCOMMODATION

Inquiries

---

1. I am proposing to visit ... and ..., and should be grateful if you could recommend to me hotels in these towns.

50. VIAJES—*cont.*

deportes de invierno. Por tanto, hemos hecho una reserva provisional para el vuelo 123 en un avión de la compañía PQR, que es el único de ese día en que hay plaza; el avión sale del aeropuerto de Londres a las 5.15 de la tarde y llega a Munich a las 8.30. Tarda un poco más porque va por la ruta Frankfurt–Nuremberg, que es un poco más larga.

Viajes en automóvil

1. Tengo intención de hacer un viaje a ... el mes que viene. ¿Me aconsejarían ustedes llevar mi coche, o es mejor alquilar uno allí? El mío es un ..., y no sé si sería posible obtener ahí piezas de recambio, en caso de que fuesen necesarias.

2. Con una póliza de seguro tipo ..., ¿está uno asegurado contra accidentes en ... ?

3. Les ruego que me digan lo que cuestan los garajes y la gasolina en ...

4. ¿Qué precio habría de pagar por un buen coche de segunda mano, y por cuánto tendría posibilidades de venderlo después de ... meses de uso?

5. Tengo intención de hacer un viaje de negocios en que habré de viajar por ... durante bastante tiempo, y me interesaría alquilar un coche sin chófer, preferiblemente un ... Tengan la bondad de informarme sobre los tipos de coches de que disponen, y los precios de alquiler.

51. HOSPEDAJE

Pidiendo información

1. Tengo intención de hacer un viaje a ... y ..., y les agradecería que me recomendasen algunos hoteles en estas ciudades.

51. ACCOMMODATION—*contd.*

2. I should be most grateful for your help in obtaining hotel accommodation for my wife and myself. We require a double room with bathroom from the afternoon of Thursday 29th March to the morning of Sunday 1st April. We have been recommended the ... and ... hotels and should be grateful if you would make the reservation in whichever seems to you the most suitable.

3. My wife and I intend to spend a few days at ..., arriving on the 3rd of June. I shall be glad to know whether you can reserve a room for us, if possible with private bathroom. Please let me also know your charges.

4. Would you please let us know whether your hotel can accommodate 18 members of our staff in single or twin-bed rooms for 5 days from the 9th of May? If you cannot accommodate all of them, will you please advise us how many you could take.

5. Would you please let me know what your terms are for a single (double/twin-bed) room with private bath?

6. I shall be in ... from the 7th of March for ... days and hope you will be able to accommodate me again.

Bookings

1. Your hotel has been recommended to me by ... and I shall be glad if you will reserve me a single (double) room with (without) private bath from ...

2. We shall be glad if you will reserve a room for our Managing Director, Mr. ..., for the nights 17th to 21st of April. A room will also be required for his chauffeur. Please let us have your confirmation.

3. I have been given your address by Mr. ..., a friend of mine who stayed with you during the exhibition last year. I should be glad if you could let me have a room from ... until ... I should like, if possible, a back room.

51. HOSPEDAJE—*cont.*

2. Les agradecería mucho que me ayudasen a obtener alojamiento en un hotel para mi esposa y para mí. Queremos una habitación de matrimonio con cuarto de baño desde el jueves día 29 de marzo por la tarde hasta el domingo día 1 de abril por la mañana. Se nos han recomendado los hoteles ... y ..., y les ruego que me hagan las reservas en el que les parezca mejor.

3. Tango intención de pasar unos días con mi esposa en ..., a partir del día 3 de junio próximo. Quisiera saber si pueden reservarnos una habitación, a ser posible con cuarto de baño. Tengan la bondad de indicarme también los precios.

4. Tengan la bondad de decirnos si pueden alojar en su hotel a 18 empleados nuestros en habitaciones individuales o de dos camas gemelas durante cinco días a partir del 9 de mayo próximo. Si no pueden alojar a todos, sírvanse decirnos cuántos podrían tomar.

5. Tengan la bondad de decirme lo que costaría una habitación individual (de matrimonio/de dos camas gemelas) con cuarto de baño.

6. Voy a pasar ... días en ... a partir del 7 de marzo, y espero poder alojarme de nuevo en su hotel.

Reservas

1. ... me ha recomendado su hotel, y les agradeceré que me reserven una habitación individual (de matrimonio) con (sin) cuarto de baño a partir del ...

2. Les agradeceremos que reserven una habitación para nuestro director gerente, don (el señor) ..., para las noches del 17 al 21 de abril próximo. También hará falta una habitación para su chófer. Sírvanse enviarnos confirmación.

3. Un amigo mío que se alojó en su hotel el año pasado durante la Exposición me ha dado su dirección, y les agradeceré que me reserven una habitación desde el ... hasta el ... Preferiría, si es posible, una habitación interior.

51. ACCOMMODATION—*contd.*

Replies

1. This is to confirm that we have booked a double (twin-bed/ single) room for you for ... days from the ...
2. We very much regret that all our rooms are already booked until the ...

52. LETTERS OF INTRODUCTION

Introduction

1. This is to introduce my friend (a great friend of ours) ..., who is visiting ... for the purpose of ...
2. The bearer of this letter, ..., has been with us (known to us) for many years.

Purpose of visit

1. He (She) is anxious to improve his (her) knowledge of ... and therefore decided to seek an appointment in ...
2. He (She) wishes to obtain information on ... (to study the ... system/to introduce a new patent/to establish business contacts/to form fresh connections/to investigate possibilities abroad for a very promising invention of his (hers)).

51. HOSPEDAJE—*cont.*

Contestaciones

1. Tenemos el gusto de participarle que le hemos reservado una habitación de matrimonio (individual) para ... días a partir del ...
2. Lamentamos tener que decirle que no tenemos libre ninguna habitación hasta el ...

52. CARTAS DE PRESENTACIÓN

Presentación

1. El objeto de la presente es presentarles a mi amigo ... (a ..., que es muy buen amigo nuestro), y que va a visitar ... a fin de ...
2. Les entregará esta carta ..., que lleva con nosotros muchos años (que hace años que conocemos).

Objeto de la visita

1. Tiene mucho interés en ampliar sus conocimientos de ... y por esta razón ha decidido buscar empleo en ...
2. Desea adquirir conocimientos sobre ... (estudiar el sistema de .../introducir una nueva patente/intentar hacerse de clientela/tratar de formarse una nueva clientela/investigar qué posibilidades hay en el extranjero para invento suyo muy prometedor).

52. LETTERS OF INTRODUCTION—*contd.*

Request for assistance

1. I should be grateful if you would kindly assist him (her) by introducing him (her) to some friends of yours/give him (her) an introduction to anyone who might be interested/afford him (her) any assistance he (she) may require.
2. I shall regard any service that you are able to render Mr. ... as a personal favour to me.

Willingness to reciprocate

1. We shall be happy at any time to reciprocate your kindness.
2. By doing so you would do us a great favour, which, needless to say, we should at any time be very pleased to reciprocate.

Confidential note

I am enclosing a copy of an introductory letter given to Mr. ... of ... He has asked for this as he plans to make a visit to ... and is seeking some representation there for his company, ... These are the people who have a close association with the ... set-up. Just what is the status of ... we have not so far been able to discover. We are therefore, at the moment, listening hard and saying little. I hope that this will explain matters to you. I have said to Mr. ... that you are an exceedingly busy man and if he has difficulty in seeing you he should ask for ...

52. CARTAS DE PRESENTACIÓN—*cont.*

Peticiones de ayuda

1. Les agradecería que le (la) ayudasen presentándole (-la) a algunas personas conocidas suyas/que le (la) presentasen a alguien a quien pudiese interesarle/que le (la) den las facilidades que necesite.
2. Cualquier servicio que puedan hacer a don (al señor) ... lo consideraré un favor personal a mí.

Oferta de hacer otro tanto

1. Tendremos mucho gusto en hacer otro tanto por ustedes en cualquier momento.
2. Con ello nos harían un gran favor al que, por supuesto, estaríamos dispuestos a corresponder en cualquier momento.

Nota confidencial

Le envío adjunta una copia de la carta de presentación que he dado a don (al señor) ..., que vive en ... Me ha pedido esta carta porque tiene intención de ir a ... ya que busca representante para su compañía, ... Esta casa está íntimamente ligada a la compañía de ... Lo que no hemos podido averiguar es cuál es la situación de ... Por lo tanto, por ahora nos limitamos a escuchar mucho y hablar poco. Espero que esto les dé idea del asunto. He advertido al señor (a don) ... que usted está ocupadísimo siempre, y que en caso de necesidad se dirija a ...

53. INVITATIONS AND APPOINTMENTS

Formal invitations (They are written and answered in the third person without salutation, subscription or signature)

1. Mr. and Mrs. Charles Bonnington request the pleasure of Mr. and Mrs. Jack Smith's company at dinner on Wednesday the 25th January at seven o'clock.

   R.S.V.P.*

   5, Oakhill,
   Highgate,
   London N.6.

2. The Chairman and Directors
   of ...
   request the pleasure of your company at a Banquet to be held at the ... Restaurant on Friday the 5th October at 7.15 p.m.
   Evening Dress   R.S.V.P.*

3. Mr. and Mrs. Jack Smith thank Mr. and Mrs. Charles Bonnington (the Chairman and Directors of ...) for their kind invitation to dinner (to the Banquet) on ..., which they have much pleasure in accepting (they are unable to accept owing to a previous engagement for the same evening).

Informal invitation

1. We are having a few friends for dinner next Saturday (on Saturday the ...) and should be delighted if you would join us. We are looking forward to seeing you.

2. Thank you very much for your kind invitation to dinner on Saturday the ... I should be delighted to come and am looking forward to seeing you.

* The initials of French "Répondez s'il vous plaît" = Please reply.

53. INVITACIONES Y CITAS

Tarjetas de invitación (Se escriben y contestan en tercera persona, sin encabezamiento, despedida ni firma)

1. Don Carlos Bonnington y señora solicitan el honor de la presencia de don Juan Smith y señora durante la cena que se celebrará el miércoles, día 25 de enero, a las siete de la tarde.

     (Sírvanse enviar respuesta)

     5, Oakhill,
     Highgate,
     London N.6.

2. El Presidente y la Junta de Administración de … solicitan el honor de su presencia durante el banquete que se celebrará en el Restaurante … el viernes, día 5 de octubre a las 7.15 de la tarde.

     Traje de etiqueta.   (Sírvase enviar respuesta)

3. Don Juan Smith y señora agradecen a don Carlos Bonnington y señora (al Presidente y a (ya la) la Junta de Administración de …) su amable invitación a la cena (al banquete) del …, que tienen el gusto de aceptar (que lamentan no poder aceptar a causa de un compromiso anterior para el mismo día).

Cartas de invitación

1. El próximo sábado (El sábado día …) van a venir a cenar unos cuantos amigos, y nos encantaría que viniese también usted. Esperamos que le sea posible aceptar.

2. Les agradezco mucho su invitación a la cena del sábado … Tendré mucho gusto en asistir y gozar de su grata compañía.

3. Thank you very much for your kind invitation to dinner. I should have loved to come, but have promised Jack Lambert that I will go with him to the Opera on Saturday (have already accepted an invitation for that Saturday).

Appointments

1. Mr. ..., our chief sales executive, will be in ... on Thursday and Friday next week. He will telephone you as soon as he arrives to arrange a mutually convenient time for an appointment.
2. I should welcome the opportunity to discuss with you a matter which I think will interest you. I shall be in ... (am prepared to come to ...). Please let me know if this would be convenient to you.
3. We (I) thank you for your letter of the ... and are (am) glad to hear that you (Mr. ...) will be in ... on ... We are (I am) looking forward to your (his) visit and are (am) expecting your (his) telephone call.

54. NEGOTIATIONS

Information

1. As promised, here is a summary of our present negotiations with ...
2. All we can say at present is that we are negotiating with them on the subject.

53. INVITACIONES Y CITAS—*cont.*

---

3. Les agradezco mucho su amable invitación a la cena. Me encantaría asistir, pero le he prometido a Jack Lambert que iré con él a la ópera ese sábado (pero ya he aceptado otra invitación para ese sábado).

Citas

---

1. Don (El señor) ..., que es nuestro jefe del negociado de ventas, estará en ... el jueves y el viernes de la semana próxima. En cuanto llegue les telefoneará a fin de concertar con ustedes una cita para un momento conveniente para todos.
2. Me gustaría poder hablar con ustedes de un asunto que creo que les interesará. Estaré en ... (No me importaría trasladarme a ...) el ... Tengan la bondad de decirme si hay algún inconveniente.
3. Acusamos (Acuso) recibo de su carta del ..., en la que nos (me) dice que don (el señor) ... estará en ... el ... Tendremos (Tendré) mucho gusto en recibirle, y quedamos (quedo) a la espera de su llamada telefónica.

54. NEGOCIACIONES

Información

---

1. Según lo prometido, les enviamos un resumen de nuestras presentes negociaciones con ...
2. Todo lo que podemos decir por el momento es que estamos negociando el asunto con ellos.

54. NEGOTIATIONS—*contd.*

3. Negotiations are in a fairly advanced stage.
4. We are on the point of concluding an agreement (reaching agreement).
5. I pointed out to him the following aspects of the problem which have emerged and which may help us to find a solution:

Opinion

1. Perhaps you will be good enough to let me have your views on this point.
2. I am much in favour of increased collaboration with ...
3. It is doubtful if we can make more progress in these negotiations unless ...
4. In my opinion they are trying to get support from ... because their position is not as strong as it was.
5. As I see it, this matter has three different aspects:

Suggestions

1. I should like to suggest that ...
2. The only solution might be for ... to ...
3. It seems to me that there is a simple (the following) way of putting this right.
4. If you have any suggestions to make regarding ... I should be pleased to hear them.
5. The problems which face us on ... are so complicated that I suggest we should meet as soon as possible to discuss them together.

54. NEGOCIACIONES—*cont.*

3. Las negociaciones han llegado a un punto bastante avanzado.
4. Estamos a punto de concluir el acuerdo (llegar a un acuerdo).
5. Le he señalado los siguientes aspectos del problema que se han manifestado y que puede que nos faciliten el llegar a una solución:

Opinión

1. Les ruego que me digan su parecer sobre este aspecto del asunto.
2. Estoy muy a favor de que ampliemos nuestra colaboración con ...
3. Dudo mucho que podamos progresar en estas negociaciones a menos que ...
4. En mi opinión, están tratando de obtener apoyo de ... porque no se hallan en una posición tan sólida como antes.
5. A mi parecer, este asunto tiene tres facetas:

Sugerencias

1. Quisiera sugerir que ...
2. Quizás la única solución sea que ...
3. Me parece a mí que hay una manera muy sencilla (existe esta forma) de arrelar este asunto.
4. Si tienen ustedes alguna sugerencia que hacer acerca de ..., les agradecería que me lo comunicasen.
5. Son tan complicados los problemas que existen en cuanto ... que sugiero que nos reunamos lo antes posible para examinarlos.

54. NEGOTIATIONS—*contd.*

Agreement and disagreement

1. We found it difficult to reach an agreement on … (to obtain his consent).
2. The main questions which seem to divide us are …
3. They wanted … We suggested … I do not think that this presents insuperable difficulties.
4. Only minor matters now stand in the way of an agreement.
5. The negotiations resulted in an agreement in principle on a common plan.

54. NEGOCIACIONES—*cont.*

Acuerdos y desacuerdos

1. Hallamos grandes dificultades en llegar a un acuerdo sobre ...
   (obtener su consentimiento).
2. Parece ser que las principales cuestiones que nos separan son ...
3. Ellos querían ... Nosotros sugerimos ... No creo que esto
   presente dificultades insuperables.
4. Sólo falta resolver algunos pequeños detalles para concluir el
   acuerdo.
5. El resultado de las negociaciones ha sido que hemos llegado a
   un acuerdo en principio sobre un plan común.

VIII

Information

Información

55. REQUEST FOR INFORMATION

On the state of the market

1. We should appreciate your candid opinion on the state of the market in your country.
2. As you know the local conditions so well, we should very much like to take up your kind offer to supply us with information about the state of the market in your country.
3. The official circulars give too general a picture. We would like more precise information on current prices of the following goods ... (the probable result of the harvest).
4. Please give us full information, name the kind of goods most suitable for our trade and send us patterns and prices.
5. What in your opinion, are the best potential markets for ...?

On goods available

1. We are planning to make substantial purchases in your market and we shall be glad to know what quantities and what qualities are immediately available.
2. No information is required about ... as we have sufficient quantities in stock.
3. Our stocks are very low and if prices are favourable we shall be able to place a substantial order.
4. If you receive an attractive offer for ... we would be most interested.
5. Could you advise us what quantities of ... suitable for this market are available for immediate delivery?
6. As our client is unable to visit your country we would like you to buy ... for us.

55. SOLICITANDO INFORMACIÓN

Sobre el estado del mercado

1. Les agradeceremos que nos comuniquen su franca opinión sobre el estado del mercado en su país.
2. Como ustedes conocen muy bien las condiciones locales, desearíamos hacer uso de su amable oferta de proporcionarnos información sobre el estado del mercado en su país.
3. Las circulares oficiales sólo dan una idea demasiado general. Nosotros quisiéramos obtener información más detallada sobre los precios actuales de los siguientes géneros ... (el resultado probable de la cosecha).
4. Les rogamos que nos envíen informes completos, que comuniquen el tipo de mercancías más adecuado para nuestra firma, y que nos envíen modelos y precios.
5. Díganos cuáles son, en su opinión, los mejores mercados, en potencia, para ...

Sobre los géneros existentes

1. Tenemos proyectos de hacer compras considerables en su mercado, y les agradeceremos que nos digan qué cantidades y qué calidades hay en existencia actualmente.
2. No necesitamos información sobre ..., pues tenemos aún suficientes existencias.
3. Estan agotándose nuestras existencias y si los precios son favorables haremos un pedido considerable.
4. Si reciben ustedes una oferta interesante de ..., les rogamos que nos lo comuniquen.
5. Tengan la bondad de decirnos qué cantidades de ..., adecuadas para este mercado, se pueden entregar inmediatamente.
6. Nuestro cliente no puede visitar su país, así es que les agradeceríamos que comprasen ... por nuestra cuenta.

55. REQUEST FOR INFORMATION—*contd.*

---

7. In consequence of the dull state of your ... trade would you
   advise us to buy now, or do you think that prices may fall
   still further?
8. If you believe that prices are likely to rise, we shall send you
   our instructions to buy.

On prices obtainable

---

1. We have large quantities of ... available for immediate delivery.
2. Will you ascertain the prices you can obtain?
3. Do you think these goods would sell well in your market?
4. What in your opinion would the goods sell for in ...?
5. Please try to find out if there is any possibility of getting orders
   from ...
6. Your advice will enable us to make a decision on the different
   offers we have received.

56. AGENT'S REPORT

General market situation

---

1. The market at present is | quiet (unsettled/firm/slow/lively).
                             | very favourable for buying (selling) ...
2. There is a great (no/little/considerable) demand for ...
3. ... are considerable (less) in demand. They sell at ...
4. Prices have risen (fallen/remained unchanged).

55. SOLICITANDO INFORMACIÓN—*cont.*

---

7. A consecuencia de lo flojo que está el comercio de ... en su país, ¿les parece a ustedes que es mejor que compremos ahora, o creen que pueden bajar los precios aún más?
8. Si creen ustedes que es posible que suban los precios, les enviaremos instrucciones de que compren.

Sobre los precios obtenibles

---

1. Tenemos grandes cantidades de ..., listas para entrega inmediata.
2. Les rogamos que averigüen los precios que se pueden obtener.
3. ¿Les parece a ustedes que estos géneros se venderían bien en su mercado?
4. ¿A cuánto creen ustedes que se venderían estos géneros en ... ?
5. Sírvanse averiguar si hay alguna posibilidad de recibir pedidos de ...
6. Sus recomendaciones nos facilitarán el llegar a una decisión sobre las diferentes ofertas que hemos recibido.

56. INFORMES DE AGENTES

Estado general del mercado

---

1. El mercado está ahora │ desanimado (indeciso/firme/flojo/
   │   animado).
   │ muy favorable para comprar (vender)...
2. Hay una gran (No hay ninguna/Hay poca/Hay considerable) demanda de ...
3. ... están en demanda considerable (menos demanda), y se venden a ...
4. Los precios están subiendo (bajando/se mantienen firmes).

56. AGENT'S REPORT—*contd.*

5. They are higher (lower) than last week.
6. ... have risen (fallen) in price by ...%.
7. The high prices have brought business almost to a standstill.

Specific information

1. The

better	grades	are sold at ...
lower	qualities	were (not) much in demand.
medium	brands	have risen (fallen) by ...%.

2. One can obtain an order for at least ... for future (immediate) delivery if a special discount can be given.
3. If your quotation for ... can be slightly reduced, a substantial order can be obtained.
4. Messrs. ... offer quite good quality ... at ...
5. Customers are well stocked with (short of) ...
6. Owing to overproduction, buyers have obtained stocks at considerably reduced prices.
7. The old stocks have now been disposed of and suppliers are selling for forward delivery.
8. Reports about the harvest in ... are still uncertain, but it is generally assumed that it will be a good (bad) one.

Recommendations

1. To remain competitive it will be necessary to give ... months' credit (to make special concessions).
2. A smaller (larger/lighter/better) article should be made for this market.
3. Your ... are suitable (unsuitable) for this market.

56. INFORMES DE AGENTES—*cont.*

5. Están más altos (bajos) que la semana pasada.
6. ... han aumentado (bajado) de precio en un ...%.
7. La carestía de precios ha hecho que el comercio quede casi inmovilizado.

Información específica

1. Los grados | superiores | se venden a ...
   Las calidades | corrientes | (no) están en gran demanda.
   Las marcas | inferiores | han subido (bajado) en un ...%.
2. Se puede obtener un pedido de por lo menos ... para entrega dentro de algún tiempo (para entrega inmediata) si se concede un descuento especial.
3. Si se puede bajar un poco su cotización de ..., se puede obtener un pedido importante.
4. La compañía ... ofrece ... de bastante buena calidad a ...
5. Los clientes tienen abundantes (escasas) existencias de ...
6. A causa del exceso de producción, los compradores han obtenido existencias a precios rebajados considerablemente.
7. Ya se ha dado salida a las antiguas existencias, y los proveedores venden para entregar en fecha futura.
8. No hay todavía seguridad absoluta en los informes sobre la cosecha de ..., pero todo el mundo supone que va a ser buena (mala).

Recomendaciones

1. Para poder presentar competencia, será necesario que den ... meses de crédito (que hagan concesiones especiales).
2. Para este mercado haría falta que hicieran un artículo más pequeño (más grande/menos pesado/de mejor calidad).
3. Sus ... (no) son adecuados (-as) para este mercado.

56. AGENT'S REPORT—*contd.*

4. Although your ... please, they are found too dear (are offered cheaper in a similar quality by ... at ...).
5. It would require an extensive advertising campaign to create a really wide interest.
6. It would assist trade if catalogues could be printed in the language and prices be quoted in the currency of the country.

57. THE MARKET

General position

1. The market opened hesitant (on a firm note).
2. ... gained (lost) ground (maintained their firm position).
3. Prices were influenced by rumours of a bumper harvest in ...
4. Prices were irregular, with small increases (decreases) predominating.
5. The market is unsettled under the influence of contradictory rumours.

Supply

1. Offerings totalled ..., chiefly from ...
2. ... were confined to medium qualities.
3. ... were of excellent (poor) quality.
4. The "..." is due on the ... having ... on board. Samples are not available yet but are expected to be of good quality.

56. INFORMES DE AGENTES—*cont.*

4. Aunque gustan mucho sus ..., parecen demasiado caros (... los ofrecen más baratos en calidad parecida, a ...).
5. Haría falta desarrollar una amplia campaña de publicitaria para crear un interés suficientemente grande.
6. Sería mucho mejor que se imprimiesen los catálogos en nuestra lengua y se pusiesen los precios en nuestra moneda.

57. EL MERCADO

Estado general

1. Las operaciones del mercado comenzaron vacilantemente (firmemente).
2. ... han ganado (perdido) terreno (mantenido su firme posición).
3. Los rumores de que hay una cosecha muy abundante de ... han influído en los precios.
4. Los precios han sido irregulares, predominando pequeñas alzas (bajas).
5. El mercado se encuentra en situación vacilante, a causa de rumores contradictorios.

La oferta

1. El total de las ofertas es ..., y proceden principalmente de ...
2. ... se han reducido a calidades corrientes.
3. ... han sido de excelente (mala) calidad.
4. El ... debe llegar el barco "..." con un cargamento de ... a bordo. No tenemos muestras todavía, pero se espera que sean de buena calidad.

57. THE MARKET—*contd.*

Demand

---

1. Wool (Cotton, Rubber, Tin, Aluminium, Copper, Steel,
   Tobacco, Textiles, Foodstuffs, Chemicals, Plastics, Oils)
   was (were) much (little) in demand.
2. The demand was rising (falling/steady).
3. Competition was particularly keen for …
4. The turnover rose (fell) by …% compared with …

Prices

---

1. … started (ended) at … (sold exceptionally well/continued
   their advance).
2. … showed an advance of … over yesterday's prices.
3. … fell by …% (rapidly/continued their decline).
4. … fell slightly (remained unchanged at …).

Trends

---

1. Higher (lower/unchanged) prices are expected.
2. Further rises (falls) are possible.
3. There is little likelihood of an increase in the price of …
4. … have touched bottom (will begin to improve/should have
   excellent prospects).

57. EL MERCADO—*cont.*

La demanda

1. La lana (el algodón, el caucho, el estaño, el aluminio, el cobre, el acero, el tabaco, los tejidos, los productos alimenticios, los productos químicos, las materias plásticas, los petróleos) está (están) en gran (poca) demanda.
2. Ha ido aumentando (bajando/Se ha mantenido firme) la demanda.
3. Ha habido una gran competencia por ...
4. El movimiento de mercancías ha aumentado (bajado) en un ...%, comparado con ...

Precios

1. ... empezaron (terminaron) a ... (se vendieron excepcionalmente bien/continuaron subiendo).
2. ... aumentaron en ... sobre los precios de ayer.
3. ... bajaron en un ...% (rápidamente/continuaron en baja).
4. ... bajaron un poco (se mantuvieron igual a ...).

Tendencias

1. Se espera que suban (bajen/se mantengan igual) los precios.
2. Es probable que continúen durante algún tiempo las alzas (las bajas).
3. Hay pocas posibilidades de que suban los precios de ...
4. ... han llegado al mínimo (empezarán a subir/deben tener muy buen futuro).

58. RESEARCH AND INVESTIGATION

Investigation

1. One of our agents has submitted to us a raw material which is likely to interest us. We are enclosing a specimen and should be glad if you would submit it to your chemist (physicist) for analysis.
2. This information is contrary to that which we have obtained. Would you therefore be good enough to let us have the sources of your information and the documents on which you base your conclusions.
3. They claim that they have the exclusive rights in ... Will you please find out whether their claim is correct.
4. Upon receiving convincing evidence that they do indeed control the rights we shall be happy to commence negotiations.
5. We cannot rely on the information which was obtained here. As you are on the spot would you kindly investigate the position (confirm its accuracy).

Report

1. We had your sample tested by our experts and I am enclosing their report. As you see, the material would certainly be suitable if produced according to their recommendations.
2. Our research indicates that this process has not been covered yet by a patent in this country.
3. They have not presented to us any convincing evidence of their claim.
4. I have drawn up the following notes on which I should be grateful to receive your comments (views) and, if possible, guidance.

58. INVESTIGACIONES E INDAGACIONES

Indagaciones

1. Uno de nuestros agentes nos ha enviado una materia prima que es probable que nos interese. Les adjuntamos una muestra y les agradeceremos que se la pasen a su especialista en química (en física) para que sea sometida a análisis.

2. Esta información contradice la que hemos obtenido nosotros. Por tanto, tengan la bondad de decirnos de dónde proceden sus informes, y de proporcionarnos los documentos en que basan sus conclusiones.

3. Sostienen que poseen los derechos exclusivos en ... Hagan el favor de averiguar si es verdad.

4. Cuando recibamos pruebas convincentes de que realmente poseen los derechos, tendremos mucho gusto en comenzar las negociaciones.

5. No podemos fiarnos de la información obtenida aquí. Ustedes que están ahí, tengan la bondad de hacer las indagaciones necesarias sobre el asunto (de confirmar si es cierto lo que hemos averiguado).

Informes

1. La muestra que nos enviaron ha sido analizada por nuestros expertos, cuyo informe les adjunto. Como ven ustedes, el material sería, desde luego, adecuado, si es que se fabrica según estas recomendaciones.

2. Nuestras indagaciones muestran que este proceso no goza todavía de patente aquí en ...

3. No nos han presentado ninguna prueba convincente de que sea cierto lo que dicen.

4. He preparado las siguientes notas, sobre las que me agradaría recibir sus comentarios (su parecer) y, a ser posible, también sus consejos.

58. RESEARCH AND INVESTIGATION—*contd.*

Marketing

---

1. One of my colleagues in the research department, Mr. ..., has discovered a new process for making ... It seems to have great possibilities. As our company is not interested in the manufacture of ... he is free to exploit his invention commercially and has taken out a patent. He will call upon you shortly and I shall be grateful if you could provide him with introductions to manufacturers who may be interested in his invention.
2. The new product (process) has already been tested by experts and found practicable, but has not been taken up for the reasons stated.

59. GOVERNMENT CONTROL AND REGULATIONS

Licences

---

1. All imports are restricted and require import licences.
2. Imports are restricted to goods deemed indispensable to the country's economy.
3. A wide range of goods may be imported without a licence (is exempt from customs duties).
4. Licences are liberally (rarely) granted for the import of ...
5. The goods should not be shipped before the necessary import licence is obtained.

58. INVESTIGACIONES E INDAGACIONES—*cont.*

Puesta en el mercado

1. Uno de mis colegas del departamento de investigaciones científicas, don (el señor) ..., ha descubierto un nuevo proceso para fabricar ..., que parece tener grandes posibilidades. Como nuestra compañía no fabrica ..., él se encuentra libre de explotar su invención comercialmente y ha sacado la patente. Tiene intención de hacerle en breve una visita a usted, y le agradecería que le proporcionase cartas de presentación para fabricantes que pudieran interesarse en su invento.

2. El nuevo producto (proceso) ha sido ya analizado por expertos, que han hallado que es practicable, pero no se ha hecho nada todavía por las razones expuestas.

59. CONTROLES Y ORDENANZAS GUBERNAMENTALES

Licencias

1. Existen restricciones sobre toda clase de importaciones, que requieren su correspondiente licencia.

2. Sólo se permite la importación de los productos que se consideran necesarios para la economía del país.

3. Se puede importar sin licencia una gran cantidad de productos/ Gran cantidad de productos están exentos de gravámenes aduaneros.

4. Es fácil (difícil) que se concedan licencias para importar ...

5. No se deben enviar las mercancías sin obtener antes la correspondente licencia de importación.

59. GOVERNMENT CONTROL AND REGULATIONS—*contd.*

6. On the strength of such a licence the National Bank will grant the currency required.
7. We are making an application for an import licence.

Restrictions

1. All imports and exports are effected by the State through its own trading organization (through privileged Foreign Trade Companies, each of which is exclusively authorized to deal in specific categories of goods).
2. Each country has its own quota. Foreign exchange transactions are strictly controlled. Customs duties are payable on ...
3. The price is fixed by the government at ... If you can deliver at this price, please let me know.
4. The import quotas authorized by the control office are exhausted at present. They are allocated in November for the following year. It is advisable to visit the buying organization immediately these quotas are known.

Payments

1. The unit of currency is the ..., the equivalent at the official rate of ...
2. The daily rate of exchange varies between officially fixed limits. All imports must be paid for at the official rate.
3. There are payment agreements with the following countries:
4. Payment of imports is permitted only on submission of shipping documents.

59. CONTROLES Y ORDENANZAS GUBERNAMENTALES—*cont.*

6. Obtenida esa licencia, el Banco Nacional hará una concesión de divisas por la cantidad requerida.
7. Vamos a presentar solicitud de licencia de importación.

Restricciones

1. Todas las operaciones de importación y exportación las efectúa el estado con su propia organización comercial (a través de las compañías que gozan del privilegio del comercio exterior, cada una de las cuales está autorizada para tratar de cierto tipo específico de mercancías exclusivamente).
2. Cada país tiene su cuota. Las transacciones de comercio exterior están estrictamente controladas. Los gravámenes aduaneros son pagaderos ...
3. El gobierno fija el precio en ... Si les conviene este precio, tengan la bondad de comunicármelo.
4. Actualmente están agotadas las cuotas de importación autorizadas por la oficina de control. Se distribuyen cada año en noviembre para el año siguiente. Lo mejor es hacer una visita a la organización compradora en cuanto se conozcan estas cuotas.

Pagos

1. La unidad monetaria es ..., el equivalente al tipo oficial de cambio de ...
2. La cotización diaria del cambio oscila entre límites impuestos oficialmente. Todas las importaciones han de ser pagadas al tipo de cambio oficial.
3. Existen acuerdos de pagos con los siguientes países:
4. Solamente se permite el pago de las importaciones a la presentación de los documentos de embarque.

59. GOVERNMENT CONTROL AND REGULATIONS—*contd.*

5. Payments are generally effected on a documentary credit basis.
6. Payments in foreign currency require a special licence.
7. Owing to barter arrangements it would be possible to purchase ... against orders for ... We are getting in touch with the relevant authorities on this matter.

59. CONTROLES Y ORDENANZAS GUBERNAMENTALES—*cont.*

---

5. El pago se efectúa generalmente sobre la base de crédito documental.
6. Los pagos en divisas requieren una licencia especial.
7. Los acuerdos sobre trueques en especie quizás nos permitirían comprar … contra pedidos de … Vamos a ponernos en contacto con las autoridades competentes sobre el asunto.

IX

Applications and references

Solicitudes de empleo y referencias

60. APPLICATION FOR EMPLOYMENT

In reply to today's advertisement in the *Guardian*, I wish to apply for the post of ...

Education

1. I am ... years old and was born in ... where I lived until the age of ...
2. I attended the ... school in ... and in ... I passed the school leaving (university entrance) examination and then studied ... at ... from ... to ...
3. I passed the ... examination with the qualification ... on ... and obtained a degree on ...
4. From ... to ... I worked at the ... Institute under the direction of ...

Special qualifications

1. During my study at ... I attended courses in ... (I obtained practical training in ...).
2. I spent ... years in ... to obtain a thorough knowledge of the language.
3. I speak and write ... fluently.
4. I also have some knowledge of ... and can undertake translations from this language.

Employment

1. I was employed as a ... with Messrs. ... from ... to ...
2. For the past ... years (months) I have been employed as a ... with Messrs. ...
3. In this post I obtained a thorough practical training in ... and I have been responsible for ...

60. SOLICITUD DE EMPLEOS

Contesto al anuncio de hoy en el *Guardian,* para cuyo puesto de ...,
anunciado en él, me gustaría que me considerasen.

Formación cultural

1. Tengo ... años de edad y soy natural de ... donde viví hasta
   los ... años.
2. Asistí al Colegio de ... (Instituto de ...), y en ... aprobé el
   bachillerato, y estudié después ... en ... desde ... a ...
3. En ... aprobé el examen de ... con calificación de ..., y en ...
   me licencié en ...
4. Desde ... hasta ... trabajé en el Instituto de ... bajo la dirección
   de ...

Méritos especiales

1. Durante mis estudios de ... asistí a cursos de ... (obtuve preparación práctica en ...).
2. He pasado ... en ... para adquirir un conocimiento perfecto del
   idioma.
3. Hablo y escribo con soltura el ...
4. También poseo ciertos conocimientos de ... y puedo encargarme
   de las traducciones de ese idioma.

Empleos anteriores

1. Desde ... a ... trabajé de ... en la compañía ...
2. Durante los últimos ... años (meses) he trabajado de ... en la
   compañía ...
3. En este puesto he adquirido un profundo conocimiento práctico
   de ... y he estado a cargo de ...

60. APPLICATION FOR EMPLOYMENT—*contd.*

References and testimonials

1. My present (former) employer (The Principal of my former school) has kindly allowed me to give his name as a referee.
2. I enclose testimonials from ...

Salary

1. My present salary is ... and as my sole reason for leaving my post is to obtain a more responsible and a better-paid one, I should not be willing to accept a salary of less than ...
2. As I wish to obtain a more thorough experience of ... I am prepared to accept a starting salary of ...

Concluding line

I should be very pleased to come for an interview at any time convenient to you.

61. PERSONAL REFERENCES

Inquiry

1. Mr. ... who applied to us for the post of ... has given us your name as a referee.

60. SOLICITUD DE EMPLEOS—*cont.*

Referencias

---

1. Mis patronos actuales (antiguos) (El director de mi colegio/ instituto) ha(n) tenido la amabilidad de acceder a dar referencias sobre mí.
2. Adjunto referencias escritas por ...

Sueldo

---

1. Mi sueldo actual es ..., y como la única razón por la que quiero dejar mi puesto es que deseo conseguir otro de más responsabilidad y mejor remuneración, no podría aceptar un sueldo de menos de ...
2. Deseo ampliar mi conocimiento práctico y experiencias de ... y por tanto estaría dispuesto a aceptar un sueldo inicial de ... al mes.

Conclusión de la carta

Tendré mucho gusto en acudir para entrevistarme con ustedes en cualquier momento que les sea conveniente.

61. REFERENCIAS PERSONALES

Pidiendo información

---

1. El señor (Don) ..., que solicita que se le considere para el puesto de ..., nos ha dicho que ustedes están dispuestos a dar informes sobre él.

61. PERSONAL REFERENCES—*contd.*

2. We should be grateful if you would kindly tell us whether you were satisfied with his services.

3. Any information you could give us as to his reasons for leaving you will be greatly appreciated.

4. As we have foreign visitors, he would also have to act as interpreter, and we wish to appoint someone who not only has a perfect command of the written language, but also speaks it fluently. We should be glad to hear from you whether he meets these requirements.

5. Your reply will, of course, be treated in strict confidence.

Favourable reply

1. Mr. ... joined our staff on ... (has been on our staff from ... to ...).

2. He is competent and reliable, and we can thoroughly recommend him.

3. He is hard-working, intelligent and willing (practical).

4. He is of good appearance and has a pleasant manner.

5. He possesses a good knowledge of ... and is used to working on his own initiative.

6. His flair and common sense have been a great asset to us.

7. He has a methodical approach and has always carried out his duties quickly and conscientiously.

8. He is thoroughly familiar with modern trends, developments and processes.

61. REFERENCIAS PERSONALES—*cont.*

2. Les agradeceríamos mucho que nos dijesen si quedaron satisfechos con sus servicios.
3. Toda información que nos proporcionen sobre los motivos por los que desea dejar su puesto con ustedes nos será de gran utilidad.
4. Como recibimos visitantes del extranjero, también tendría que actuar de intérprete, y deseamos nombrar para este puesto a alguien que no sólo tenga un buen conocimiento de la lengua escrita sino que además la hable con soltura. Les agradeceremos que nos digan si este señor cumple este requisito.
5. Por supuesto, consideraremos su respuesta absolutamente confidencial.

Respuesta favorable

1. El señor (Don) ... entró a nuestro servicio el ... (estuvo a nuestro servicio desde ... hasta ...).
2. Es competente y de toda confianza, y podemos recomendarle bajo todo punto de vista.
3. Es muy trabajador e inteligente y siempre está dispuesto a hacer lo que se le pide (Es muy trabajador, inteligente y práctico).
4. Tiene buena presencia y modales agradables.
5. Posee un buen conocimiento de ... y está acostumbrado a trabajar por su propria iniciativa.
6. Su intuición y su sentido común nos han sido de gran valía.
7. Es muy ordenado en su trabajo y siempre ha desempeñado sus deberes con rapidez y gran cuidado.
8. Tiene un conocimiento perfecto de las tendencias, desarrollos y procesos de la actualidad.

61. PERSONAL REFERENCES—*contd.*

9. He left us at his own request to take up a post in ..., where his family lives (in order to improve his knowledge of the language/in order to gain experience in ...).

Unfavourable reply

1. We are sorry that we cannot give you a favourable report on ...
2. He was often late and his work was not satisfactory.
3. He is unreliable and lacking in common sense.
4. His faults may, however, be attributed more to his youth than to his character, and he may possibly have changed for the better.

62. BUSINESS REFERENCES

Inquiring

1. Messrs. ... have given us your name as a reference.
2. We have received a request from ... to open an account with us.
3. We have an inquiry (order) from the firm whose name you will find on the enclosed slip.
4. As we have not transacted any business with them, we should be much obliged if you could
   > give us some information about their standing.
   > make inquiries regarding their reputation.
   > let us know whether in your opinion a credit of ... can be safely granted.

61. REFERENCIAS PERSONALES—*cont.*

9. Dejó de trabajar para nosotros de su propia voluntad, para tomar otro puesto en ..., donde vive su familia (a fin de ampliar sus conocimientos de la lengua/a fin de adquirir experiencia en ...).

Respuesta desfavorable

1. Lamentamos no poder darles un informe favorable sobre ...
2. Llegaba a menudo con retraso y su trabajo no era satisfactorio.
3. Es informal y le falta sentido común.
4. Sin embargo, sus defectos pueden atribuirse más bien a su juventud que a su carácter, y es muy posible que haya mejorado.

62. REFERENCIAS COMERCIALES

Pidiendo información

1. La compañía ... nos ha dado el nombre de ustedes como referencia.
2. Hemos recibido de ... una carta en la que nos piden que les abramos una cuenta.
3. Adjunto les enviamos el nombre de una casa comercial que nos ha dirigido una solicitud de información (un pedido).
4. No hemos tenido nunca contactos comerciales con ellos, y por tanto les agradeceríamos que

   nos diesen información sobre esa casa.

   hiciesen indagaciones sobre la consideración de que gozan.

   nos digan si en su opinión se les puede conceder sin riesgos un crédito de ...

62. BUSINESS REFERENCES—*contd.*

5. Any information which you may give us will, of course, be treated as strictly confidential.
6. We shall be grateful for any information with which you can provide us and enclose a stamped addressed envelope (an International Reply Coupon) for your reply.

Favourable reply

1. The firm about which you inquire
   is well known to us.
   have been our regular customers for many years.
   have been established here for many years.
   have always met their commitments promptly.
   enjoys unlimited credit (the highest reputation).
2. We should not hesitate to grant them the credit requested.
3. To the best of our belief you run no risk with regard to the amount mentioned.

Evasive reply

As we | do no business with the firm,
       | cannot obtain reliable information about them,
       | have not done any business with them for many years,
       | do not know them well enough,

we regret that we are unable to give you the information you require.

Unfavourable reply

1. In reply to your letter of the ..., we would advise some caution in your dealings with the firm about whom you inquire.

62. REFERENCIAS COMERCIALES—*cont.*

---

5. Cualquier informe que nos proporcionen ustedes lo consideraremos, por supuesto, absolutamente confidencial.
6. Les quedaremos muy reconocidos por toda información que puedan proporcionarnos. Adjuntamos un sobre con la dirección y el franqueo (cupón internacional de respuesta) para su contestación.

Respuesta favorable

---

1. La casa sobre la que piden informes
   nos es bien conocida.
   ha sido cliente nuestra durante muchos años.
   lleva establecida aquí muchos años.
   siempre ha atendido a sus obligaciones.
   goza de crédito ilimitado (de muy buena fama).
2. En su caso, no vacilaríamos en concederles el crédito a que se refieren.
3. Nosotros creemos sinceramente que no hay ningún riesgo en cuanto a la cantidad mencionada.

Respuesta evasiva

Nosotros no tenemos contacto comercial con esa casa
No nos es posible obtener información sobre ellos
Hace años que no tenemos negocios con esa casa
No les conocemos suficientemente bien
y por tanto lamentamos no poder proporcionarles la información que desean.

Respuesta desfavorable

---

1. Contestamos a su carta del ... y les aconsejamos que sean precavidos en sus transacciones con la casa sobre la que nos preguntaban.

2. We would hesitate to offer a credit of ... and would deal with them on a cash basis only.
3. This information is given in strict confidence and without responsibility on our part.

63. VARIOUS INQUIRIES AND APPLICATIONS

Inquiries about study facilities

1. I wish to study ... in Britain and should be grateful if you would be kind enough to give me some information about the universities (colleges) there.
2. I should like to come to ... for the purpose of learning ... and should greatly appreciate any advice you can give me on suitable training facilities there.
3. I should be very grateful for information about entry to your school. I have finished my school studies here and have passed the ... examination. I have a good (fair) knowledge of the ... language and obtained the ... Certificate.
4. I should like to apply for the scholarship advertised in ... and should be glad to receive an application form, for which I enclose a stamped and addressed envelope (International Reply Coupon).
5. I should be very grateful if you would let me have details of any scholarships in ... that your country may be offering to foreign students.

62. REFERENCIAS COMERCIALES—*cont.*

2. En su caso, nosotros vacilaríamos en ofrecerles un crédito de ... y solamente efectuaríamos con ellos transacciones al contado.
3. Estos informes que les damos son absolutamente confidenciales y no podemos aceptar ninguna responsabilidad como consecuencia de ellos.

63. OTRAS PREGUNTAS Y SOLICITUDES VARIAS

Pidiendo información sobre facilidades de estudio

1. Deseo estudiar ... en Inglaterra y les agradecería que tuviesen la amabilidad de informarme sobre las universidades (Escuelas de ...) que hay en su país.
2. Me gustaría ir a ... a fin de aprender ... y les quedaría muy agradecido por cualquier consejo que pudieran darme sobre los centros de enseñanza que hay en su país.
3. Les ruego que me informen sobre el ingreso en esa escuela. He terminado mis estudios de ... aquí, y he aprobado el examen de ... Tengo un buen conocimiento (Tengo un conocimiento bastante bueno) del idioma ... y poseo el certificado de ...
4. Deseo solicitar la beca anunciada en ... y les agradecería que me enviasen los impresos necesarios para la solicitud, para los que adjunto un sobre con la dirección y el franqueo (cupón internacional de respuesta).
5. Les agradecería mucho que me informasen sobre las becas para estudios de ... que ofrezca su país a estudiantes extranjeros.

63. VARIOUS INQUIRIES AND APPLICATIONS—*contd.*

Applications

1. I should like to apply for membership of your club (organization/library) and should be glad if you would let me know the conditions.
2. Thank you very much for the information you sent me about your school (club). I am returning the application form duly completed together with copies of my certificates (diplomas/testimonials).

Asking for references and testimonials

1. I am applying for a post as a ... with the ... Company and should be very grateful if you would be kind enough to give me a testimonial (allow me to give your name as a referee).
2. Thank you very much for your kindness in letting me have a testimonial (agreeing to act as a referee for me). I am very grateful.
3. You will no doubt be glad to hear that thanks to your kindness in giving such good information about me, I succeeded in obtaining the post as ... with the ... Company. Thank you again for your kindness.
4. I am sorry to tell you that I did not succeed in obtaining the post I applied for. I was told that there were several candidates who had longer experience (better qualifications). But I am most grateful to you for the help you gave me and I hope you will allow me to give your name again as a referee for my next application.

63. OTRAS PREGUNTAS Y SOLICITUDES VARIAS—*cont.*

Solicitudes

1. Deseo solicitar que se me admita como socio de su club (miembro de su organización/suscriptor de su biblioteca) y les agradecería que me informasen sobre las condiciones de admisión.
2. Les agradezco la información que me han mandado sobra su escuela (club). Envío adjunto el impreso de solicitud con los informes necesarios junto con copias de mis certificados (títulos/copias de referencias escritas sobre mí).

Pidiendo referencias personales

1. Voy a solicitar el puesto de ... con la compañía ... y le agradecería que tuviese la amabilidad de escribir un informe personal sobre mí (acceder a dar un informe personal sobre mí).
2. Le agradezco mucho su amabilidad al proporcionarme un informe personal (acceder a dar un informe personal sobre mí). Le quedo muy reconocido.
3. Sin duda le agradará saber que gracias a su amabilidad al dar tan buenos informes sobre mí, he logrado obtener el puesto de ... en la compañía ... Les reitero de nuevo mi agradecimiento.
4. Siento decirles que no conseguí obtener el puesto que solicité. Me dijeron que había varios candidatos que tenían mayor experiencia (más méritos) que yo. Sin embargo, le estoy muy agradecido a usted por la ayuda que me prestó, y espero que accederá a dar nuevos informes sobre mí en mi próxima solicitud.

English abbreviations

A1	A one; first-class	primera clase
a/c	account	cuenta
a.m.	ante meridiem	de la mañana
b.e.	bill of exchange	letra de cambio
b/f	brought forward	suma y sigue
B/L	bill of lading	conocimiento de embarque
bot.	bought	suma y sigue
Bros.	brothers	hermanos
C.	centigrade	centigradio
c/f	carried forward	suma y sigue
c.i.f.	cost, insurance and freight	coste, seguro y flete
c/o	care of	a cargo de
Co.	company	compañía
	county	provincia, estado
c.o.d.	cash on delivery	contra reembolso
Cr.	credit	crédito
	creditor	acreedor
Cu.	cubic	cúbico
cwt(s)	hundredweight	quintal
d. (= Lat. *denarius*)	penny, pence	peniques
deg.	degree	grado
disct.	discount	descuento
div.	dividend	dividendo
do.	ditto	id.
doz.	dozen	docena
Dr.	debtor	deudor
E. & O.E.	errors and omissions excepted	salvo error u omisión
e.g. (= Lat. *exempli gratia*)	for example	por ejemplo
enc(s).	enclosure(s)	adjunto, adjuntamos
esp.	especially	especialmente
Esq.	Esquire	Sr. Don
f.o.b.	free on board	libre a bordo
ft.	foot, feet	pie, pies
gal.	gallon(s)	galón, galones
G.B.	Great Britain	Inglaterra
gns.	guineas	guineas

214

G.P.O.	General Post Office	Correos
gr.	gross	grueso
gr(s)	grain(s)	grano(s)
H.M.	His (Her) Majesty	Su Majestad
H.M.S.	His (Her) Majesty's Ship	Barco de Su Majestad
h.p.	horse power	caballos de vapor
H.P.	hire purchase	compra a plazos
i.e.(= Lat. *id est*)	that is	es decir
Inc.	Incorporated (U.S.)	Sociedad Anónima
incl.	inclusive	inclusive
inst.	instant	del presente (mes)
I.O.U.	I owe you	pagaré
Jun., jnr.	junior	hijo
L., £	pound(s)	libra(s) (dinero)
lb(s).	pound(s)	libra(s) (peso)
lit.	litre	litro
mos.	months	meses
M.P.	Member of Parliament	Procurador en Cortes
M V	motor vessel	navío de motor
N.Z.	New Zealand	Nueva Zelanda
oz.	ounce(s)	onza(s)
p.a.	per annum	por año, anual
p.c.	postcard	tarjeta postal
%	per cent	por ciento
per pro.	*per procuarationem*	por poderes
p.m.	*post meridiem*	de la tarde
P.O.	Post Office	Correos
P.O.B.	post office box	buzón de correos
p.t.o.	please turn over	a la vuelta
q.v. (= Lat. *quod vide*)	which see	vid., véase
re	with reference to	con referencia a
recd.	received	recibido
s.	shillings	chelines
S.A.	South Africa	Africa del Sur
Sen., snr.	senior	padre
Soc.	Society	sociedad
sq.	square	cuadrado
S.S.	steamship	buque, barco
st.	stone(s)	6·348 kg
stg.	sterling	esterlina
U.K.	United Kingdom	Reino Unido
U.S.; U.S.A.	United States of America	EE.UU.

viz. (= Lat. *videlicet*)	namely	a saber
wt.	weight	peso
Xmas	Christmas	Navidades
yd(s)	yard(s)	yarda(s)

Spanish abbreviations

a/c	a cuenta; a cargo	on account; charged to
adj.	adjunto; adjuntamos	enclosure(s)
a/f	a favor	in favour
afmo.	afectísimo	faithfully
atmo.	atentísimo	very kind
atta.; atª.	atenta	kind (letter)
atto.	atento	kind
a/v	a vista	at sight
balboa(s)	monetary unit of Panama	
B.L.M.	besa la mano	kisses your hand
bolívar(s)	monetary unit of Venezuela	
boliviano(s)	monetary unit of Bolivia	
Bs.As.	Buenos Airez	Buenos Aires
C.; Cía; Compª.	compañía	company
c/a	cuenta abierta	open account
c/c	cuenta corriente	current account
c/d	con descuento	with discount
cf.	confróntese	see
cg.	centigramo	centigramme
Cía	compañía	company
c.s.f.; CSF	coste, seguro y flete	c.i.f. CIF; cost; insurance and freight
cta.	cuenta	account
cta. simda.	cuenta simulada	pro forma
cte.	corriente (mes)	instant
D.; Dn.	don	Esq.
Dª.; Dña.	doña	Mrs.
dcha.	derecha	right (–hand side)
d/fha.	días fecha	days (after) date
dg.	decagramo; decigramo	decagramme; decigramme
dl.	decalitro	decalitre
dm.	decigramo; decímetro	decigramme; decimetre
d/p	días plazo	days' time
d/v	días vista	days (after) sight
E.P.D.	en paz descanse	rest in peace; R.I.P.
E.P.M.	en propia mano	in own hand
EE.UU.	Estados Unidos de Norteamérica	U.S.A.

f.a.b.	franco a bordo	free on board; f.o.b.
F.C.; f.c.	ferrocarril	railway
gr.	gramo	gramme
G.V.; g/v	gran velocidad	express (train)
hect.	hectárea	hectare
Hg.	hectogramo	hectogramme
Hl.	hectolitro	hectolitre
Hm.	hectómetro	hectometre
Hno(s).	hermano(s)	brother(s)
ib.	Lat. = *ibidem*	in the same place
id.	Lat. = *idem*	ditto
incl.	inclusive	inclusively
izq.	izquierda	left (-hand side)
kg.	kilogramo	kilogramme
kl.	kilolitro	kilolitre
km.	kilómetro	kilometre
l.	litro	litre
l.a.b.	libre a bordo	free on board
L.E.	libras esterlinas	pounds sterling
L.S.	lugar del sello	place of the seal
m.	metro; minuto	metre; minute
m/	mi, mis	my
m.at°.	muy atento	very kind
m/c	mi cuenta; mi cargo	my account; my charge
m/cc	mi cuenta corriente	my current account
m.fha.	meses fecha	months (from) date
m/fra.	mi factura	my invoice
mg.	miligramo	miligramme
m/g	mi giro	my draft
m/l	mi letra	my bill of exchange
Mm.	miriámetro	miriametre
mm.	milímetro	millimetre
m/n	moneda nacional	national currency
m/o	mi orden	my order
m/p	mi pagaré	my promissory note
m/r	mi remesa	my remittance
m/v	meses vista	months (after) sight
n/	nuestro(-a)	our
n/c	nuestra cuenta; nuestro cargo	our account; our charge
n/cc	nuestra cuenta corriente	our current account
n/f	nuestro favor	our favour
n/o	nuestra orden	our order

No.; Nº	número	number
n/p	nuestro pagaré	our promissory note
n/r	nuestra remesa	our remittance
n/ref.	nuestra referencia	our reference
núm.	número	number
ord.	orden	order
P.	pagaré	I.O.U.
P.A.	pago adelantado	advance payment
p.a.	por autorización	by permission
pág.	página	page
p/cta.	por cuenta	on account
P.D.	postdata	P.S.; postscript
pdo.	pasado	past
p.e.	por ejemplo	for example
P.O.	por orden	by order
p.p.	por poderes; porte pagado	by proxy; carriage paid
p.pdo.	próximo pasado	ultimo
Ps.	pesos	dollars (South America)
P.S.M.	por su mandato	by your order
pte.	presente (carta)	present (letter)
pts.	pesetas	monetary unit of Spain
p.v.	pequeña velocidad	goods train
q.b.s.m.	que besa su mano	who kisses your hand (your devoted servant)
q.b.s.p.	que besa sus pies	who kisses your feet (your humble servant)
q.D.g.	que Dios guarde	whom God may protect
q.e.p.d.	que en paz descanse	may he rest in peace
q.e.s.m.	que estrecha su mano	who shakes your hand (yours faithfully)
R.	registrado	registered
R.; Rep.	Républica	Republic
s/	su	your
S.A.	sociedad anónima; América del Sur	a company not trading under the names of the proprietors; South-America
s/a	según aviso	as advised
s/c	su casa; su cuenta	your house; your account
S. en C.	sociedad en comandita	a company in which some of the proprietors provide the capital while others provide the management

s.e.u.o.	salvo error u omisión	E. and O.E.; errors and omissions excepted
s/f	su favor	your favour
s/fra.	su factura	your invoice
s/g.	su giro	your draft
S.G.D.G.	sin garantía del gobierno	without government guarantee
s/i	salvo imprevistos	barring accidents
S.L.	sociedad limitada	company of limited liabilities
s/Londres	sobre Londres	on London
s/m	sobre mí	on me
s/n	sobre nosotros	on us
s/o	su orden	your order
s/p	su pagaré	your promissory note
s/r	su remesa	your remittance
S/ref.	su referencia	your reference
Sr.; Sñr.	señor	Mr.
Sra.; Sñra.	señora	Mrs.
Sr. D.	señor don	Esq.
Sra. Dª.	señora doña	Mrs.
Sres.	señores	Mr. and Mrs.; Messrs.
Srta.	señorita	Miss
s.s.s.	su seguro servidor	your obedient servant
Suc.	sucursal	branch
suc(s).	sucesor(es)	successor(s)
s/v	su valor	your price
U.; Ud.	usted	you
ultº.	último	last
V.; Vd.	usted	you
Vda.	viuda	widow
Vdes.	ustedes	you
vg.; vgr.	verbigracia	for example
vid.	vide, véase	see
Vº Bº	visto bueno	approved of; passed as correct

Differences in British and

North–American vocabularies

British English	North-American English	British English	North-American English
aeroplane	airplane	to deal	to trade
arrange a meeting	fix a meeting	debenture	bond
autumn	fall	draper's shop	dry goods store
billion	a million million	estate agent, house agent	real estate agent, realtor
block of flats	apartment house	expenses	operation costs
bonnet (of a car)	hood	gamble on the market	play the market
to book a room	to make a reservation	gilt-edge investment	blue chip investment
booking clerk	ticket agent	goods train	freight train
booking office	ticket office	government	administration
to break a journey	to stop over	greengrocer	vegetable man
business & shopping district	downtown section	ground floor	first floor
by-law	ordinance	grow (potatoes)	raise (potatoes)
carriage forward (paid)	freight not pre-paid (prepaid)	hoarding	billboard
carrier	expressman	holiday	vacation
cash on delivery	collect on delivery	hood (of car)	top
category	classification	hundredweight	112 pounds
chairman of the company	president of the corporation	100 pounds	hundredweight
change trains	transfer	Inland Revenue	Internal Revenue
cheque	check	inquiry office	information bureau
(railway) coach	car	job lots	broken lots
company law	corporation law	journalist	newspaperman
compulsory	mandatory	keep (in store)	handle
consignment	shipment	label (noun)	tag
counterfoil (of cheque)	stub (of cheque)	to let	to rent
current account	checking account	letter of complaint	claim letter
cutting (from a newspaper)	clipping	lift	elevator
		Limited (Ltd.)	Incorporated (Inc.)

221

British English	North-American English	British English	North-American English
lorry	truck	shorthand-typist	stenographer
luggage	baggage	(building) site	(building) lot
market gardener	truck farmer	a (good, central) situation	a (good, central) location
motor-car	automobile	situations vacant	help wanted
note (e.g. dollar)	bill (a dollar)	solicitor	attorney
number engaged	line busy	a (French) subject	a (French) citizen
offer	tender	supply depart-ment	procurement de-partment
ordinary shares	common stock	telephoned	called
P.T.O.	over	tender (for a contract)	bid
packet	pack	terminus	terminal
petrol	gasoline; gas	time-table	schedule
post	mail	tin	can
postman	mailman	ton	2240 pounds
preference shares	preferred stock	2000 pounds	ton
railway	railroad	tram	streetcar; trolley
rates	local taxes	traveller	travelling salesman
ring (phone)	call	truck	freight car
rise (in salary)	raise	van	truck
securities	bonds	z (Zed)	Zee
securities—list of	portfolio		
shareholders	stockholders		
shop assistant	sales clerk		
shopkeeper	storekeeper		

Differences in British and North-American spellings

British English	North-American English
colour, favour, humour, labour	color, favor, humor, labor, and other words ending in *our* the *u* is omitted
although, through	altho, thru
centre, fibre, theatre	center, fiber, theater
programme, kilogramme, catalogue, envelope	program, kilogram, catalog, envelop
woollen, jewellery, quarrelled, travelled, totalling, labelled	woolen, jewelry, quarreled, traveled, totaling, labeled
instalment, enrol, fulfil	installment, enroll, fulfill, i.e. the *l* is doubled in a final stressed syllable
defence, licence, offence	defense, license, offense
all right, waggon, benefitted	alright, wagon, benefited
mould, plough, manœuvre	mold, plow, maneuver
anaemia, anaesthesia	anemia, anesthesia
acknowledgement, abridgement, judgement, guarantee	acknowledgment, abridgment, judgment, guaranty
enclosed cheque	inclosed check

Spanish-American monetary units

Argentina	peso argentino
Bolivia	boliviano
Chile	escudo
Colombia	peso colombiano
Costa Rica	colón
Cuba	peso cubano
Ecuador	sucre
El Savator	colón
Guatemala	quetzal
Haití	gourde
Honduras	lempira
Mexico	peso mexicano
Nicaragua	córdoba
Panama	balboa
Paraguay	guarani
Perú	sol
Uruguay	peso uruguayo
Venezuela	bolívar